AF362012

MANAJEMEN RISIKO DAN UANG

UNTUK TRADING HARIAN DAN SWING TRADING

PANDUAN LENGKAP CARA MEMAKSIMALKAN KEUNTUNGAN ANDA

DAN MEMINIMALKAN RISIKO ANDA DALAM PERDAGANGAN FOREX, FUTURES, DAN SAHAM

WIELAND ARLT

TORERO TRADERS SCHOOL

GET READY FOR THE BULL

Ucapan terima kasih:
Saya berterima kasih kepada kolega saya Indrawijaya Rangkuti, MBA, CTA yang telah mendukung saya dalam menerjemahkan buku ini. Terima kasih banyak, Indra!

Diterbitkan oleh Torero Traders School

edisi pertama 2022

Untuk informasi umum atau komentar Anda, silakan kirim email ke: get-ready@torero-traders-school.com

www.torero-traders-school.com

Daftar isi

BAGIAN 2:
DARI MENJADI PROFESIONAL HINGGA
MENJADI TRADER TOP

Pengantar

Selamat! Dengan membaca baris pertama buku ini, Anda sudah termasuk dalam lingkaran investor yang secara profesional dan sadar terlibat dalam investasi dan perdagangan!

Jadi, apa yang dimaksud dengan perdagangan dan investasi yang sukses? Pertama, ini adalah strategi kuat yang menunjukkan kepada Anda peluang yang menguntungkan. Pilihan instrumen keuangan yang tepat juga merupakan bagian penting dari kesuksesan Anda. Anda memiliki pilihan antara saham, ETF (Exchange-traded fund), forex atau futures—untuk beberapa nama. Namun, komponen terpenting dari investasi yang sukses adalah penanganan risiko secara sadar dan pengelolaan modal investasi Anda sendiri. Inilah ciri-ciri investor dan/atau pedagang profesional yang bertindak di pasar keuangan!

Meskipun manajemen risiko merupakan pertimbangan kritis dalam berinvestasi dan trading saat ini dan setiap investor dan trader secara teoritis sudah familiar dengannya, dalam kehidupan nyata sayangnya masih ada perbedaan besar apakah hal ini hanya dipahami atau dipahami dan benar-benar juga diterapkan. Hasil yang dicapai oleh banyak pedagang sering menggambarkan perbedaan ini dengan cara yang serius. Penanganan risiko secara profesional dan pengembangan sikap positif terhadapnya merupakan bagian pertama dari buku ini.

Setelah kita secara intensif menangani penanganan kerugian secara profesional, kita dapat berbicara tentang penanganan keuntungan secara profesional sebagai langkah selanjutnya. Keduanya—mengambil kerugian dan keuntungan Anda—penting bagi trader yang sukses. Di masa lalu, mungkin cukup untuk mempertimbangkan hanya batasan kerugian — yaitu, manajemen risiko — dalam perdagangan, tetapi hari ini sama pentingnya untuk mempertimbangkan pengambilan untung juga. Mengapa? Di satu sisi, pasar keuangan seringkali cukup bergejolak dan tiba-tiba melompat dari posisi tertinggi baru ke posisi terendah baru. Terkadang, pada awalnya menunjukkan keuntungan buku, tetapi kerugian dapat menghilangkannya pada saat berikutnya. Di sisi lain, seringkali ini bukan hanya masalah volatilitas. Misalnya, meskipun saham pada umumnya selalu naik dari waktu ke waktu, hal ini tidak berlaku untuk semua saham. Selama bertahun-tahun, banyak perusahaan dan saham mereka menghilang dari pasar tanpa suara— tiba-tiba menghancurkan keuntungan yang terkumpul di rekening investor.

Pemikiran tentang penanganan keuntungan secara sadar membawa kita langsung ke pengelolaan uang profesional dan menyimpulkan bagian pertama buku ini.

Di bagian kedua buku ini, kami ingin menambahkan beberapa elemen penting pada manajemen risiko dan uang serta memperdalam wawasan. Agar sukses sebagai trader atau investor dalam jangka panjang, penting untuk menemukan gaya trading Anda sendiri dan strategi yang tepat dan menerapkannya secara sadar. Selain itu, ada pendekatan dan strategi perdagangan yang hampir tidak terbatas dalam perdagangan dan investasi. Kesamaan mereka semua adalah bahwa kinerja mereka dapat diukur dengan angka-angka kunci tertentu, yang tidak hanya menunjukkan keuntungan atau kerugian yang dicapai, tetapi juga menggambarkan latar belakang pendekatan yang dipilih atau strategi yang diterapkan.

Pertimbangkan contoh ini: Bayangkan seorang pedagang yang mencapai tingkat hit yang sangat baik dengan strateginya, tetapi mengambil keuntungannya sebelum waktunya. Sekarang bayangkan pedagang lain yang, dengan strategi yang sama, memiliki risiko individu dari satu posisi di bawah kendali, tetapi mengambil risiko keseluruhan yang terlalu tinggi karena hit rate yang rendah. Meskipun kedua pedagang mengikuti strategi yang sama, perbedaan dalam eksekusi dan manajemen harus diperhitungkan saat menilai kinerja.

Ini menimbulkan pertanyaan penting dan mendasar bagi pedagang dan investor aktif: Di mana tepatnya pengungkit individu yang memungkinkan kami untuk menyelaraskan pendekatan dan strategi perdagangan kami dengan modal kami, pengalaman kami, dan angka-angka kunci yang telah kami capai sedemikian rupa sehingga kami mampu mencapai hasil positif secara berkelanjutan?

Jawaban atas pertanyaan ini membawa kita langsung ke elemen risiko profesional dan pengelolaan uang. Tujuan tautan harus membatasi risiko secara efektif di satu sisi dan secara individual mengoptimalkan hasil perdagangan Anda sendiri di sisi lain, sehingga meningkatkan peluang perdagangan yang muncul.

Dengan „Matriks Pengelolaan Uang", Anda akan mengenal dan menggunakan instrumen yang dapat digunakan untuk meningkatkan hasil perdagangan pribadi Anda dalam jangka panjang. „Matriks Pengelolaan Uang" menunjukkan kepada Anda elemen risiko profesional dan pengelolaan uang—dengan mana Anda dapat menyesuaikan perdagangan Anda dengan kebutuhan pribadi Anda.

Pada titik ini bahkan pedagang berpengalaman akan menemukan wawasan baru dan pendekatan penting untuk peningkatan pribadi mereka dalam perdagangan.

Untuk meningkatkan pengelolaan uang Anda dan dengan demikian hasil perdagangan secara keseluruhan, kami juga akan melihat bagaimana Anda dapat mengurangi risiko Anda sedikit demi sedikit dan dengan demikian semakin melindungi akumulasi keuntungan Anda. Dalam konteks ini, kita juga akan membahas langkah-demi-langkah masuk dan keluar masuk dan keluar dari suatu posisi.

Anda juga dapat meningkatkan hasil perdagangan Anda dengan menggabungkan kerangka waktu yang berbeda, serta secara bertahap meningkatkan posisi yang ada. Bagaimana tepatnya Anda dapat melanjutkan di sini, dengan mempertimbangkan „Matriks Pengelolaan Uang" dan bagaimana hal ini memengaruhi hasil Anda secara keseluruhan, juga akan menjadi bagian dari buku ini.

Agar Anda dapat secara langsung dan segera memahami bagaimana gagasan dan pendekatan yang disajikan dalam buku ini diimplementasikan dalam praktik, kami akan secara teratur menerapkannya pada tiga ukuran akun yang berbeda dan menarik kesimpulan praktis yang sesuai. Kami tidak hanya akan menggunakan gaya perdagangan yang berbeda, tetapi juga produk keuangan yang berbeda dalam contoh kami.

Selain itu, dalam buku ini, kami juga akan melihat di balik layar semua perdagangan dan fokus pada Anda—pedagang itu sendiri dan status mental Anda.

Mengapa melakukan itu? Karena pada akhirnya, Anda selalu berada di belakang semua keputusan investasi dan perdagangan. Untuk alasan ini, penting bahwa keputusan ini didasarkan pada keyakinan dan kemungkinan pribadi Anda. Hanya dengan begitu Anda dapat menerapkannya secara konsisten dan berani. Untuk mengetahui tentang prasyarat pribadi ini, buku ini secara teratur meminta Anda untuk secara intensif menangani pertanyaan-pertanyaan tertentu.

Jadi, mari kita mulai sekarang dan menentukan elemen dasar kesuksesan trading pribadi Anda di masa depan!

1
BAGIAN

Menjadi Trader Profesional

BAB 1:
Kunci Sukses Trading

Prasyarat paling penting untuk kesuksesan jangka panjang dalam berinvestasi dan berdagang adalah dasar keuangan yang sehat. Ini adalah prinsip dasar. Tentu saja, penting untuk tidak hanya memiliki dasar keuangan ini di awal karir trading, tetapi juga untuk memiliki dan memeliharanya secara permanen. Tanpa dasar keuangan, tidak ada perdagangan. Sesederhana itu. Benar?

Apa hubungan risiko dan pengelolaan uang dengan perdagangan yang sukses?

Meskipun kesimpulan sebelumnya bahwa prasyarat mutlak untuk perdagangan adalah ketersediaan modal yang dapat digunakan, penting bagi kita untuk memperhatikan hal ini.

Pertanyaan pertama yang perlu dijawab adalah sejauh mana risiko profesional dan pengelolaan uang dapat membantu kita mempertahankan dan memperluas basis keuangan kita. Pertanyaan kedua yang harus dijawab adalah apakah ada perbedaan antara manajemen risiko dan manajemen uang dan, jika demikian, di mana letak perbedaannya. Seringkali kedua istilah tersebut digunakan secara bergantian. Semuanya kemudian disatukan secara teratur, sesuai dengan moto: Membatasi kerugian ada hubungannya dengan pengelolaan uang.

Pada titik ini, masuk akal bagi kita untuk memisahkan kedua istilah itu satu sama lain dan mempertimbangkannya secara terpisah. Kami kemudian akan membawa kedua istilah itu bersama-sama lagi dalam perjalanan buku ini.

Untuk mendapatkan perbedaan yang nyata antara kedua istilah tersebut, secara umum kita memahami manajemen risiko sebagai pertimbangan dan perencanaan perdagangan atau posisi dari perspektif risiko. Hanya untuk memberi Anda kesimpulan: Strategi „meletakkan semua telur Anda dalam satu keranjang" bukanlah salah satunya. Sebaliknya, ketika merencanakan perdagangan, Anda harus berpikir dengan hati-hati tentang berapa banyak yang ingin Anda belanjakan untuk apa. Untuk memberi Anda kata kunci yang sudah ada di sini: Ini semua tentang membatasi kerugian dan dengan demikian mempertahankan basis keuangan Anda.

Dengan pengelolaan uang, kami biasanya menggabungkan kontrol yang ditargetkan dari pengeluaran modal investasi Anda dan perencanaan optimal simultan dari keseluruhan perdagangan Anda dengan tujuan untuk terus meningkatkan basis keuangan Anda. Dengan pengelolaan uang yang tepat, Anda dapat merencanakan dan mengontrol kesuksesan Anda di pasar keuangan dari sisi uang terlebih dahulu. Anda akan terkejut dengan kemungkinan yang menanti Anda!

Hubungan antara manajemen risiko dan pengelolaan uang adalah jawaban atas pertanyaan tentang seberapa banyak yang sebenarnya dapat dicapai dengan perdagangan atau posisi dan bagaimana hal ini sebanding dengan potensi kerugian. Kami juga akan membahas poin ini lebih intensif dan dengan demikian dapat menilai pada saat yang sama apakah dan sejauh mana perdagangan masuk akal sama sekali.

Untuk lebih dekat dengan manajemen risiko, mari kita mundur selangkah dan menjadi lebih umum. Pada titik ini, pertama-tama mari kita membahas prinsip investasi secara umum. Apa sebenarnya yang dimaksud dengan melakukan investasi? Mengapa Anda berinvestasi? Apa yang ingin Anda capai dengan berinvestasi?

Setiap kali Anda mempertimbangkan untuk melakukan investasi, Anda mungkin pertama-tama akan bertanya pada diri sendiri apa yang dapat Anda peroleh dari investasi tersebut. Anda tentu tidak akan mempertimbangkan investasi jika Anda tidak mendapatkan sesuatu kembali, bukan? Namun, pada saat yang sama, Anda juga harus menghadapi risiko yang terkait erat dengan investasi. Kita tahu ini dari hampir semua bidang kehidupan: Di mana ada peluang, biasanya juga ada risiko.

Kami dapat yakin bahwa setelah Anda melakukan investasi, Anda secara otomatis mengambil risiko. Mengapa? Karena tidak ada yang bisa memprediksi masa depan. Anda menginvestasikan sumber daya yang tersedia dan berharap—hanya itu yang dapat Anda lakukan— bahwa investasi Anda akan membuahkan hasil.

Apakah kamu menyadari? Kebetulan, kita bahkan tidak berbicara tentang „pasar keuangan", „perdagangan", atau „investasi". Tidak, kita berbicara tentang investasi secara umum. Ini bisa pergi ke segala arah yang mungkin dan bahkan tidak harus material. Bahkan jika Anda membantu seorang teman baik memindahkan atau membersihkan ruang bawah tanah, itu adalah investasi. . . dalam persahabatan Anda. Dan Anda tentu mengharapkan teman Anda untuk membantu Anda saat berikutnya Anda memindahkan atau merakit perabot. Ini, bisa dikatakan, pembayaran kembali investasi Anda; kepastian bisa saling mengandalkan adalah kembalinya. Tapi itu masalah lain. Yang dipertaruhkan di sini adalah memperjelas bahwa, pada akhirnya, kita semua berinvestasi secara teratur. Kurang lebih secara sadar, tapi kami melakukannya.

Misalnya, kita menginvestasikan waktu dalam proyek yang menarik di tempat kerja. Pada tingkat pribadi, kami menginvestasikan komitmen kami dalam pelatihan untuk pertandingan sepak bola yang penting. Ya, kami bahkan berinvestasi dalam persahabatan atau hubungan. . .

. . . dan kami juga menginvestasikan modal di perusahaan atau industri yang menjanjikan.

Dan apa yang terjadi jika investasi yang dilakukan tidak membuahkan hasil?

Kami mengambil risiko dengan semua investasi. Yaitu, risiko bahwa investasi ini gagal dan kita tidak mendapatkan imbalan apa pun atas sumber daya yang diinvestasikan atau, dalam skenario terburuk, kehilangan komitmen kita sama sekali: proyek dibatalkan, pertandingan sepak bola hilang, persahabatan gagal, atau hubungan hancur berkeping-keping. Sumber daya waktu, tenaga, dan energi yang kita investasikan hilang.

Tentu saja, kami tidak dapat mengetahui hal ini sebelumnya; jika tidak, kami tidak akan terlibat. Namun demikian, risiko kegagalan selalu ada, seperti halnya peluang hasil positif: peningkatan karier setelah proyek yang sukses, kejuaraan setelah pertandingan sepak bola, persahabatan atau hubungan seumur hidup.

Seperti yang Anda lihat: pada akhirnya, kita berinvestasi secara teratur dalam hidup kita dan berharap bahwa sumber daya yang kita gunakan akan membawa „pengembalian" dan bahwa investasi kita akan „membayar" untuk kita. Tapi kita juga tahu, tentu saja, bahwa kita tidak bisa selalu „menang". Kemudian secara sederhana dikatakan bahwa tidak ada yang terjadi kecuali pengeluaran.

Hati-hati: apakah itu menghalangi kita untuk mempersiapkan proyek baru dengan sungguh-sungguh di lain waktu, dari berlatih secara intensif untuk pertandingan sepak bola lagi, dari membentuk ikatan persahabatan baru lagi, atau bahkan menjalin hubungan baru? Tidak, tentu saja tidak. Tapi kita mungkin menjadi sedikit lebih berhati-hati, pilih-pilih, atau fokus. Mungkin kami akan mempersiapkan diri lebih intensif lagi. Mengapa? Karena kami ingin mencegah komitmen kami—investasi kami—gagal lagi. Dalam arti kiasan, kita mempraktikkan manajemen risiko untuk melindungi diri kita dari kegagalan yang serius dan berlebihan.

Sekarang, sebelum kita masuk ke refleksi filosofis yang terlalu dalam tentang kehidupan, mari kembali ke inti buku dan pertimbangkan investasi finansial Anda di perusahaan atau industri yang menjanjikan.

Dan sekali lagi, tentu saja investasi Anda tidak akan berhasil: perusahaan tempat Anda berinvestasi mungkin bangkrut atau seluruh industri mungkin ketinggalan zaman. Dalam kasus terburuk, uang Anda—modal yang Anda investasikan—hilang.

Suka atau tidak suka, „potensi bahaya" ini ada dalam sifat investasi apa pun. Dan itulah mengapa kami mendapatkan sesuatu kembali untuk investasi kami yang melebihi jumlah investasi yang dilakukan. Ada bunga atau dividen. Mungkin kenaikan harga tambahan juga akan menggoda kita untuk mengambil risiko tambahan sehingga risiko kita bermanfaat. Dan semakin tinggi risiko yang diambil, semakin besar potensi imbalan bagi kita para investor.

Ini membawa kami langsung kepada Anda. Mengapa Anda berinvestasi? Mengapa Anda berdagang? Mengapa Anda menginvestasikan modal Anda? Mungkin untuk mendapatkan keuntungan darinya. Mungkin Anda mengharapkan dividen, mungkin Anda mengharapkan bunga, mungkin Anda mengharapkan kenaikan harga. Mungkin mereka semua bersama-sama.

Pada titik ini, anggap saja Anda memperdagangkan saham, mata uang, atau futures. Apa hubungan risiko dan pengelolaan uang dengan kesuksesan investasi Anda—perdagangan Anda?

Melalui manajemen risiko saja, Anda sudah berada dalam posisi untuk mengendalikan risiko yang selalu terkait dengan sebuah investasi. Manajemen risiko adalah satu-satunya cara untuk mengubah ketidakpastian yang terkait dengan investasi menjadi tingkat keamanan tertentu.

Dan pengelolaan uang? Apa hubungannya dengan itu? Sederhananya: Di mana manajemen risiko menyelamatkan Anda dari kehancuran akibat investasi dalam perdagangan, pengelolaan uang yang cerdas membantu Anda mengontrol perdagangan Anda secara optimal—investasi Anda—dan untuk secara konsisten membangun aset Anda.

Keduanya dalam kombinasi sangat diperlukan untuk kesuksesan jangka panjang dalam perdagangan.

Mengapa manajemen risiko dan uang penting untuk perdagangan yang sukses?

Anda tentu telah mempelajari pasar keuangan, harga, dan grafik secara mendalam dan akrab dengan banyak pola berbeda yang dapat ditemukan dalam grafik. Mungkin Anda telah mengikuti atau memperdagangkan pasar untuk waktu yang lama. Maka Anda pasti pernah mendengar tentang runtuhnya pasar saham dunia atau bahkan mengalaminya secara pribadi sebagai investor atau trader.

Sebelum kita melanjutkan di sini, mari kita mundur beberapa tahun. Kembali ke „masa lalu yang indah", rekomendasi seperti „beli saham, simpan, dan kaya selama bertahun-tahun ..." dapat dilaksanakan dengan hati nurani yang bersih. Seluruh subjek manajemen risiko dipandang dengan kecurigaan oleh banyak orang, karena saham hampir bebas risiko pada saat pasar meningkat, ekonomi berkembang, dan laba menggelegak—jika Anda menahannya untuk waktu yang lama. Investor dan pedagang mampu menangani ini dengan nyaman sampai pergantian milenium. Satu-satunya risiko pada saat itu adalah tidak hadir di pasar atau saham.

Kemudian „pasar baru" datang. . . dan semuanya berubah!

Perusahaan yang solid menjadi kandidat kebangkrutan, perusahaan garasi kecil menjadi pamflet tinggi yang diperdagangkan. Janji dan gagasan lebih berharga daripada fakta dan angka konkret. Topik manajemen risiko sama sekali di luar fokus investor, dalam arti sebenarnya dari kata „keluar". Sayangnya, seperti yang mungkin dikatakan beberapa investor dalam retrospeksi. Karena sisanya adalah sejarah.

Dengan runtuhnya pasar, segala sesuatu yang dapat diperdagangkan berjalan di bawah roda — baik ekonomi baru atau lama. Hampir setiap saham kehilangan nilainya secara dramatis. Banyak perusahaan menghilang sama sekali dari tempat kejadian; beberapa lainnya tetap di pasar tetapi belum pulih hingga hari ini.

Ini secara mengesankan ditunjukkan oleh contoh Indeks S&P 500 yang kehilangan lebih dari 50% nilainya dalam dua setengah tahun.

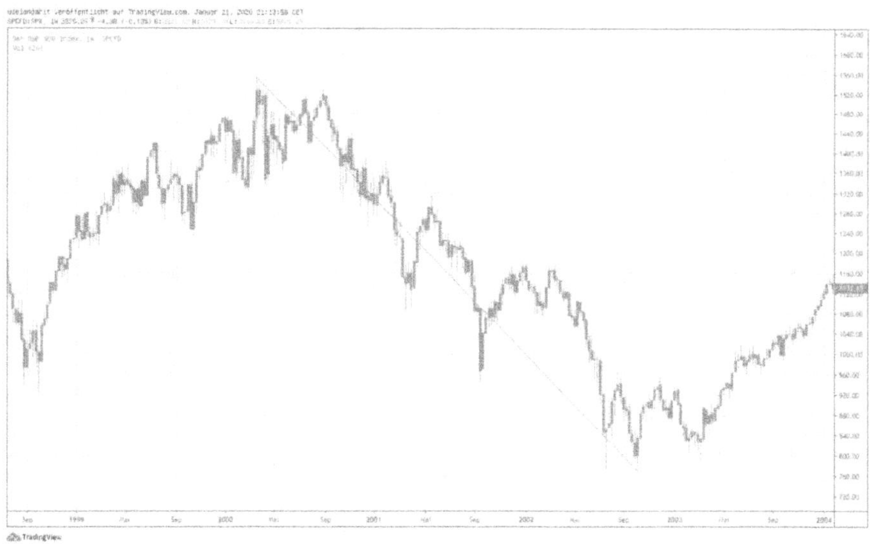

Gambar 1: INDEX S&P 500, grafik mingguan (satu lilin = satu minggu). S&P 500 kehilangan 50,5% nilainya dari level tertinggi sepanjang masa di 1.552,87 poin pada 2000 ke level terendah 768,63 poin pada 2002, sumber: www.tradingview.com[1]

Ketika pasar mulai pulih dari 2002 dan seterusnya dan berangkat ke level tertinggi baru, semuanya tentu saja sangat berbeda. Pasar baru telah menghilang dan saham serta pasar yang tersisa semuanya solid. Hubungan perdagangan internasional berada pada puncaknya dan di „pasar negara berkembang", tingkat pertumbuhan dua digit per kuartal telah dicapai selama beberapa tahun. Euro akan menantang

---

1   Tradingview® adalah merek dagang terdaftar.

Dolar AS sebagai mata uang terkemuka dan karena suku bunga yang sangat rendah, banyak orang mampu membeli rumah mereka sendiri bahkan tanpa modal ekuitas...

Hampir terlalu bagus untuk menjadi kenyataan... Dan memang, tujuh tahun setelah kehancuran pada pergantian milenium, pasar runtuh lagi dengan keras. Apakah saham atau komoditas, segala sesuatu yang bisa dijual terbang keluar dari portofolio. Dalam reaksi berantai, satu nilai menyeret yang lain ke bawah bersamanya. Pada akhirnya, yang tertinggal adalah investor yang terganggu, portofolio yang hancur, dan kesadaran bahwa mungkin cukup masuk akal untuk membatasi risiko suatu investasi.

Mari kita lihat juga Indeks S&P 500, yang telah turun lebih dari setengahnya dalam 1,5 tahun, mewakili pasar dunia.

Gambar 2: INDEX S&P 500, grafik mingguan (satu lilin = satu minggu). S&P 500 kehilangan 57,69% nilainya dari tertinggi sepanjang masa pada 2007 di 1.576,09 poin ke level terendah 2009 di 666,79 poin, sumber:www. tradingview.com

Mungkin sekarang Anda akan mengatakan: *Nah, ini adalah indeks dan, omong-omong, mereka telah pulih. Bagaimanapun, tertinggi baru sepanjang masa dalam indeks telah tercapai sekarang!* Anda tentu saja benar tentang itu juga—setidaknya sebagian. Ya, indeks telah pulih kembali; mereka jelas selalu melakukannya.

Tapi bagaimana dengan perusahaan dan saham mereka di indeks? Apakah mereka semua pulih juga?

Biarkan saja fakta berbicara sendiri. Dengan menggunakan contoh Perusahaan Asuransi Jerman Allianz dan sahamnya, yang dianggap sebagai saham standar di antara banyak investor dan diperdagangkan sebagai investasi yang benar-benar sehat, kita dapat mengamati dengan mengesankan bahwa kerugian sebesar 90% telah meningkat dari waktu ke waktu. tertinggi pada tahun 2000 ke level terendah pada tahun 2003. Meskipun harga saham bergerak naik ke €180,29 lagi pada tahun 2007, itu masih tidak mendekati tinggi €445 pada tahun 2000. Sebaliknya. Dengan penurunan kedua pada tahun 2008 menjadi €45,15, saham tersebut kembali kehilangan 75% nilainya.

Sebagai perbandingan, indeks saham Jerman menandai rekor tertinggi baru sepanjang masa di tahun 2007, sehingga menutupi kerugiannya dalam waktu empat tahun.

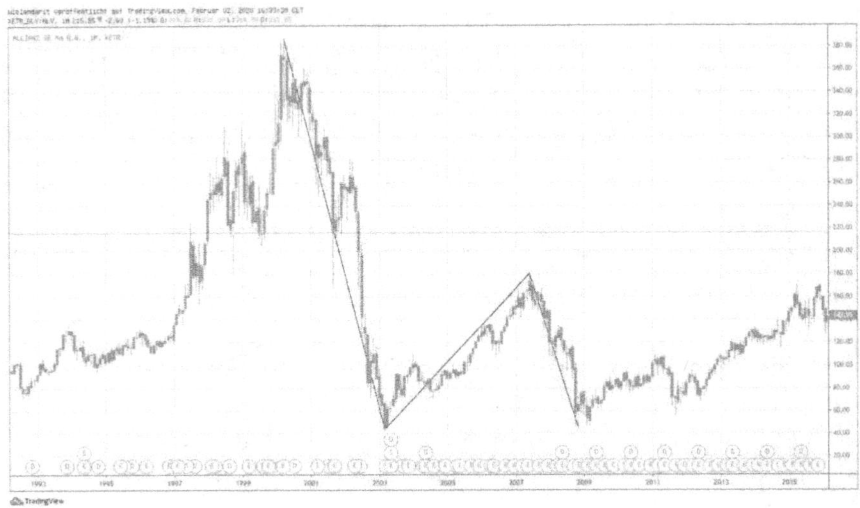

Gambar 3: ALLIANZ SE, grafik bulanan (satu lilin = satu bulan). Saham Allianz kehilangan 90% nilainya dari level tertinggi sepanjang masa di €445 pada tahun 2000 ke level terendah pada tahun 2003 di 44,50. Pada saat selanjutnya jatuh ke €45,15 pada tahun 2007, itu telah pulih ke €180,29 sebelum menguji rendah pada akhir tahun 2008 lagi di €45,15. Sumber: www.tradingview.com

Tentu saja ada alasan lain untuk membatasi risiko. Lagi pula, tidak selalu terjadi keruntuhan pasar saham global yang menyebabkan saham anjlok. Dalam kebanyakan kasus, satu penunjukan atau keputusan yang salah dalam manajemen perusahaan sudah cukup. Tetapi siklus produk atau tema mode juga dapat menyebabkan stok turun secepat mereka meroket ke langit.

Pikirkan, misalnya, seluruh industri teknologi dan protagonisnya. Saham Nokia, misalnya, adalah salah satu kandidat paling panas dalam portofolio investor sampai kemajuan teknologi mengambil alih perusahaan dan penurunan panjang dimulai.

Mari kita lihat lagi grafik di sini:

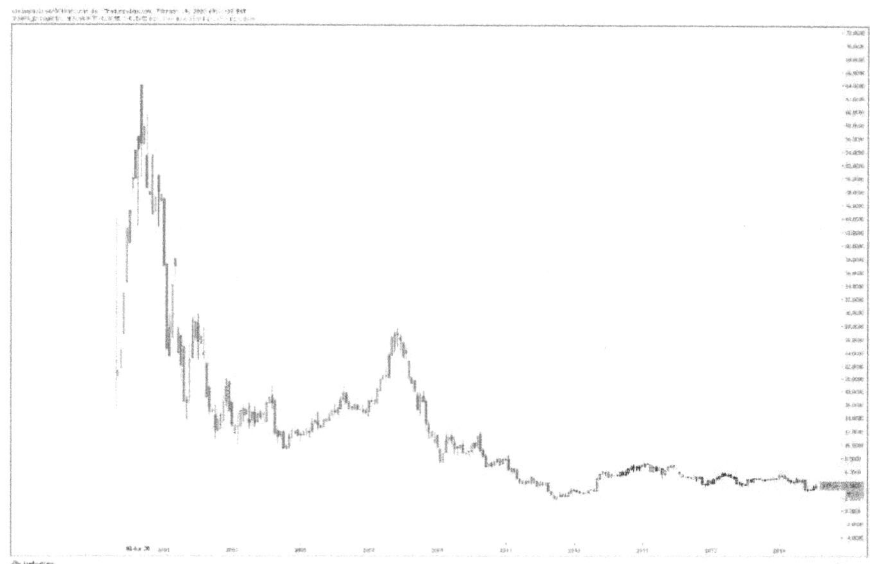

Gambar 4: NOKIA CORP., grafik bulanan (satu lilin = satu bulan). Saham Nokia kehilangan 86,45% nilainya dari nilai tertinggi sepanjang masa sebesar €65,99 pada tahun 2000 ke level terendah €8,85 pada tahun 2004. Setelah pemulihan sementara pada tahun 2007 menjadi €28,66, pangsa tersebut turun lebih jauh menjadi €1,33 pada tahun 2012, dengan Nokia kehilangan 97,96% nilainya dari rekor tertinggi sepanjang masa pada tahun 2000. Sumber: www. tradingview.com

Pada titik ini pertama-tama kita harus bertanya pada diri sendiri apa yang harus terjadi agar pasar menilai perusahaan pada titik tertinggi lama setelah kehilangan harga lebih dari 95%? Pertanyaan kedua yang masih harus kita tanyakan pada diri kita sendiri dalam konteks ini adalah, dalam jangka waktu berapa hal ini harus terjadi?

Kedua perusahaan ini tentu saja patut dicontoh. Ada banyak contoh serupa di semua indeks di seluruh dunia. Tanpa memperdalam analisis saham individu, seharusnya menjadi jelas bahwa, meskipun indeks saham secara teratur pulih dan menandai tertinggi baru, saham individu mereka mungkin tetap jauh dari tertinggi bahkan dalam fase pemulihan. Dan melakukannya secara permanen.

Dalam hal investasi, kita harus selalu ingat bahwa dunia adalah tempat yang bergerak cepat. Tren datang dan pergi. Dan begitu mereka pergi, mereka tidak kembali. Lalu ada topik baru, ide baru, produk baru, pasar baru, dan pemenang baru.

Sayangnya, kita selalu mengetahui hal ini dengan kepastian mutlak hanya setelahnya. Sesuai dengan moto „Di belakang, Anda selalu lebih pintar," semuanya jelas dan terlihat untuk semua orang. Sayangnya, pada akhirnya, kita hanya tahu dalam retrospeksi perusahaan mana yang benar-benar menang dan mana yang pecundang permanen.

Sebagai seorang trader, Anda harus selalu mempertimbangkan hal ini dalam investasi Anda dan secara ketat membatasi risiko yang terkait. Dan ada sisi lain yang perlu dipertimbangkan—dan di sinilah pengelolaan uang berperan. Sama seperti kita tidak tahu sebelumnya investasi mana yang akan merugi, kita juga tidak bisa mengetahui sebelumnya investasi mana yang akan benar-benar menang.

Kami hanya tidak tahu. Terlepas dari analisis fundamental dan/atau teknikal, kami tidak dapat mengetahuinya. Inilah mengapa sangat penting bagi Anda sebagai pedagang untuk merencanakan investasi Anda dengan hati-hati dan bersiap untuk semua kemungkinan. Ini mencakup tidak hanya pertimbangan kemungkinan kerugian tetapi juga pertimbangan kemungkinan keuntungan. Keduanya penting dan keduanya penting untuk tindakan yang sukses dan sadar di pasar.

Siapa kamu? Trader, investor, atau penjudi?

Sekarang setelah kita tahu mengapa ada baiknya untuk mempertimbangkan risiko dan pengelolaan uang, kita bisa mulai dengan mengalihkan pandangan dari pasar langsung ke Anda— orang di balik perdagangan. Hanya ketika Anda tahu dari kayu mana Anda diukir, Anda dapat menyelaraskan manajemen risiko dan uang Anda sehingga paling cocok untuk Anda dan Anda benar-benar dapat hidup dengannya.

Jadi. Siapa Anda—dalam hal perilaku investasi Anda? Pernahkah Anda berpikir tentang bagaimana Anda ingin berdagang dan beroperasi di pasar keuangan? Apakah Anda lebih suka mengambil keuntungan cepat dalam jangka pendek atau lebih suka membuat komitmen jangka panjang ke pasar? Apakah Anda mampu menahan fluktuasi dalam perjalanan ke tujuan besar Anda atau Anda lebih suka puas dengan keuntungan kecil?

Jika Anda tidak memiliki jawaban spontan untuk pertanyaan-pertanyaan ini, harap sisihkan buku untuk sementara waktu dan luangkan waktu Anda untuk menemukan jawabannya. Hanya ketika Anda selesai, Anda dapat melanjutkan membaca!

Sekarang setelah Anda menemukan jawaban pertama untuk diri Anda sendiri, Anda kemudian dapat bertanya pada diri sendiri pertanyaan berikutnya yang akan menentukan masa depan Anda dan kesuksesan Anda sebagai seorang trader:

> Apakah saya ingin bertindak lebih agresif atau defensif?

> Apakah saya lebih suka bertindak jangka pendek atau jangka panjang?

> Berapa banyak pengalaman yang saya miliki dengan strategi saya di pasar yang saya perdagangkan?

> Apa yang ingin saya capai dengan tindakan saya?

Di sinilah risiko dan pengelolaan uang Anda dimulai. Anda bahkan tidak perlu berbagi untuk melakukan ini. Pertama-tama, Anda hanya perlu beberapa menit tenang untuk refleksi batin Anda.

Dengan jawaban Anda atas pertanyaan-pertanyaan ini, Anda menentukan bagaimana Anda mendekati pasar dan bagaimana Anda beroperasi di pasar. Jawabannya juga menentukan apa yang ingin Anda lakukan, kapan, dan untuk berapa lama. Dan mereka memberi Anda tujuan yang jelas yang ingin Anda capai dengan perdagangan Anda.

Pada akhirnya, jawaban Anda akan menentukan apakah Anda akan sukses di pasar—atau tidak! Jawaban Anda menentukan bagaimana rencana dan strategi perdagangan Anda harus diselaraskan dan gaya perdagangan apa yang Anda gunakan untuk berdagang di pasar.

Misalnya, apa artinya ketika Anda ingin bertindak agresif? Anda kemudian mungkin lebih bersedia untuk mengambil risiko yang lebih besar. Ini bisa berarti, misalnya, bahwa Anda memasuki pasar sedikit lebih awal atau mengambil sedikit lebih banyak risiko daripada yang mungkin dilakukan pedagang defensif. Jika Anda lebih defensif, Anda mungkin ingin melihat konfirmasi di pasar bahwa sinyal masuk Anda memang valid sebelum Anda mengambil posisi.

Mungkin kesuksesan cepat penting bagi Anda. Kemudian Anda mungkin merasa sulit untuk mempertahankan posisi lama dan Anda secara teratur mengambil keuntungan Anda dengan cepat. Atau mungkin Anda tidak ingin mengambil banyak posisi dan menahannya lebih lama. Maka Anda mungkin juga harus mengharapkan fluktuasi selama pertunangan.

Mungkin Anda memulai perdagangan dengan cukup segar. Maka semuanya baru dan menarik bagi Anda. Anda ingin mencoba semua pasar dan produk untuk menemukan jalan Anda terlebih dahulu. Tentu saja, mungkin juga Anda adalah orang tua yang telah melihat semua yang ditawarkan bursa saham dan pasar. Anda memiliki strategi Anda dan itu telah terbukti berhasil. Anda tahu apa yang akan datang dan dapat mengendalikan situasi kapan saja.

Untuk prosedur lebih lanjut kami, ini adalah jawaban sekunder yang Anda temukan sendiri atas pertanyaan-pertanyaan di atas, selama Anda telah menemukan jawabannya sama sekali. Jadi, mari kita asumsikan bahwa ini adalah kasus untuk tindakan kita selanjutnya.

Untuk dapat berdagang dengan sukses di pasar, Anda hanya perlu mengetahui kebutuhan pribadi Anda. Rencana perdagangan pribadi Anda harus didasarkan pada ini.

Dengan demikian, kami juga melihat komponen psikologis dari perdagangan. Selalu ingat: Anda hanya bisa sukses di pasar jika Anda mengejar strategi yang tepat untuk Anda dan kebutuhan Anda. Karena hanya dengan begitu Anda akan memiliki keyakinan penuh pada strategi Anda bahkan dalam fase pasar yang sulit dan berpegang teguh pada mereka. Hanya jika Anda tahu bagaimana dan mengapa Anda berdagang, Anda akan dapat mengikuti perdagangan Anda secara konsisten. Ini sangat penting dalam fase perdagangan yang sulit dan sulit.

Apa hubungan antara "perenungan batin" ini dengan topik kita: risiko dan pengelolaan uang? Nah, di satu sisi, kita akan membahas poin-poin individu ini secara lebih rinci nanti dalam buku ini; di sisi lain, jawaban Anda juga memiliki pengaruh langsung pada bagaimana Anda membentuk risiko dan pengelolaan uang Anda di masa depan. Kami juga akan kembali ke ini secara teratur dalam perjalanan buku ini.

Terakhir, Anda mungkin bertanya pada diri sendiri mengapa Anda perlu menetapkan tujuan yang ingin Anda capai dengan trading Anda. Jawaban atas pertanyaan ini juga sederhana: Hanya dengan tujuan dalam pikiran Anda dapat secara konsisten mengejar tujuan ini dan menyelaraskan strategi Anda dengannya dan mempertahankannya.

Jika Anda tidak memiliki tujuan, tetapi beroperasi di pasar sesuai dengan moto "berada di sana adalah segalanya", maka Anda akan mencapai hal itu. Anda akan berada di sana. Bahayanya besar bahwa Anda akan kehilangan kemenangan yang telah Anda hasilkan tanpa tujuan di saat berikutnya—hanya karena Anda tidak tahu apa yang ingin Anda capai dan kapan saatnya bagi Anda untuk berhenti berdagang. Jadi, sebelum Anda memulai trading, pikirkan apa yang ingin Anda capai. Ini mencegah Anda bermain-main tanpa tujuan di pasar.

Oleh karena itu, sekali lagi rekomendasinya: Luangkan waktu yang cukup bagi diri Anda sendiri untuk menjawab pertanyaan yang diajukan!

Untuk melepaskan dunia: Gaya perdagangan mana yang sesuai dengan akun perdagangan Anda?

Kami telah menjawab pertanyaan tentang pendekatan pribadi Anda untuk memperdagangkan pasar. Hal ini memungkinkan kami untuk beradaptasi secara lebih individual dengan situasi pribadi Anda dan untuk melihat berbagai gaya perdagangan yang dapat Anda gunakan untuk perdagangan Anda. Kami ingin membayangkan gaya perdagangan yang berbeda berdasarkan periode waktu di mana mereka diperdagangkan — kami dapat membedakan empat gaya perdagangan:

PERDAGANGAN POSISI: Kami berbicara tentang perdagangan posisi ketika Anda membeli saham atau judul dan menahannya selama beberapa minggu, bulan, atau bahkan bertahun-tahun. Orientasinya mengikuti tren dan tujuan Anda adalah untuk tetap berada dalam tren yang ada selama mungkin. Analisis Anda terjadi dalam jangka panjang menggunakan grafik mingguan dan harian. Fluktuasi jangka pendek kurang relevan untuk pedagang posisi daripada tren superior. Strategi dividen juga dapat dimasukkan dalam perdagangan posisi sebagai strategi tambahan.

SWING TRADING: Kami ingin menyebut aktivitas Anda sebagai swing trading jika Anda berdagang dengan tren dan juga melawannya. Tujuan Anda dalam perdagangan ayunan adalah untuk mengikuti ayunan individu yang dibuat pasar dari tinggi ke rendah. Saat gerakan selesai, lepaskan posisi Anda. Dengan demikian, periode penahanan Anda adalah beberapa hari atau minggu. Analisis teknis grafik terutama dilakukan di grafik harian. Terlepas dari ini, Anda tentu saja dapat mengikuti ayunan dari tinggi ke rendah dalam kerangka waktu yang lebih pendek atau lebih lama. Untuk pertimbangan kami lebih lanjut, bagaimanapun, perdagangan ayunan harus tetap dalam periode yang dibahas.

PERDAGANGAN HARI: Kami berbicara tentang perdagangan hari jika Anda berencana untuk memegang saham atau produk tidak lebih dari beberapa jam. Posisi semalam dimungkinkan jika entri ke posisi ditemukan pada satu hari dan perdagangan tidak ditutup hingga hari berikutnya. Analisis grafik Anda sebagai pedagang harian berlangsung di grafik 60 menit dan dilengkapi dengan grafik harian. Apakah Anda mengikuti tren dalam perdagangan hari atau perdagangan melawan itu terserah Anda.

PERDAGANGAN INTRAHARI: Anda adalah pedagang intraday ketika Anda mengeksekusi beberapa perdagangan dalam sehari dan menahan posisi Anda selama beberapa menit hingga beberapa jam. Posisi semalam tidak mungkin bagi Anda sebagai pedagang intraday. Anda menutup semua posisi paling lambat pada penutupan perdagangan hari itu dan „datar." Analisis teknis Anda terutama dilakukan dalam grafik 60 menit, 15 menit, 5 menit, atau bahkan 1 menit.

Anda sekarang dapat menetapkan jawaban yang sudah Anda siapkan untuk gaya perdagangan yang disajikan. Jika, misalnya, Anda telah menyatakan bahwa Anda lebih berorientasi jangka panjang, maka perdagangan intraday kurang cocok untuk Anda. Posisi atau swing trading bisa menjadi varian yang memungkinkan untuk Anda. Mungkin Anda ingin mengambil keuntungan dengan cepat— siapa yang tahu apa yang akan terjadi besok? Maka Anda mungkin berada di tangan yang baik dalam perdagangan intraday atau harian. Atau Anda mengatakan pada diri sendiri bahwa Anda pasti ingin membawa kemenangan Anda, tetapi Anda tidak ingin mengekspos diri Anda pada kesibukan hari itu. Maka Anda mungkin betah dalam swing trading.

Ini juga selalu merupakan pertanyaan tentang jumlah waktu yang Anda dapat atau ingin investasikan dalam perdagangan Anda. Jika Anda hanya memiliki beberapa jam seminggu atau bahkan akhir pekan yang tersedia, maka perdagangan intraday atau perdagangan harian bukan untuk Anda. Namun, tidak ada yang bisa dikatakan untuk tidak beroperasi dengan sukses di pasar sebagai pedagang ayunan pada basis grafik harian atau sebagai pedagang posisi pada basis grafik mingguan.

Akhirnya, ada banyak variasi dan kombinasi individu yang dapat Anda kumpulkan dari keempat gaya ini. Penting bagi mereka semua bahwa Anda menyelaraskan risiko dan pengelolaan uang Anda dengan ini dan merencanakan perdagangan yang sesuai.

Pada titik ini kita sudah dapat menyatakan bahwa swing trading atau perdagangan posisi memerlukan manajemen risiko dan uang yang berbeda dari perdagangan intraday atau harian.

Karena ada persamaan yang kuat antara perdagangan intraday dan perdagangan hari, kami akan menggabungkan dua gaya ini dan bekerja dengan tiga gaya untuk sisa buku ini: Perdagangan harian, perdagangan ayunan, dan perdagangan posisi.

Agar Anda mengenal dan mengalami gaya ini dengan cara yang praktis, tiga pedagang ingin memperkenalkan diri kepada Anda; mereka dengan baik hati setuju untuk berbagi pengalaman mereka dengan kami. Mereka adalah Rick, Anna, dan Peter. Masing-masing akan berdagang dengan gaya yang berbeda dan akan berdagang dengan caranya sendiri yang unik. Kami juga akan mengenal latar belakang pribadi ketiga trader kami.

Akan lebih baik jika mereka bertiga memperkenalkan diri kepada Anda secara pribadi:

Halo, nama saya Rick dan saya bekerja sebagai perwakilan penjualan independen. Saya berusia dua puluh tujuh tahun, lajang, dan baru saja membuka akun perdagangan pertama saya, di mana saya telah mendepositokan $5.000. Pengalaman saya dalam trading hanya sebatas pengetahuan dasar analisa teknikal dan mengamati trader lain di internet. Selama hari kerja saya, saya secara teratur memiliki waktu *luang, tetapi saya harus melakukan panggilan telepon dengan pelanggan dan mitra bisnis saya dari waktu ke waktu. Saya pikir saya akan baik-baik saja sebagai pedagang harian. Program grafik saya diatur pada grafik 60 menit dan di sana saya mencari peluang. Sebagai tujuan bulanan saya telah menetapkan sendiri keuntungan sebesar $500. Saya akan menggambarkan diri saya sebagai orang yang berani dan pelanggan saya mengenal saya sebagai seorang penjual yang gigih. Tentu saja, saya ingin menunjukkan antusiasme saya dalam berdagang, itulah sebabnya saya lebih melihat diri saya sebagai pedagang yang agresif. Untuk realisasi proyek saya, saya melihat peluang terbaik bagi saya di pasar valuta asing. Untuk tujuan ini, saya telah menyiapkan akun saya dengan broker forex.*

Target trading Rick tentu saja sangat ambisius dengan profit $6.000 atau 120% di tahun pertama. Kami akan melihat bagaimana dan apakah dia bisa mencapai ini.

Pembaca yang budiman, nama saya Anna. Saya baru-baru ini menerima warisan sebesar $25.000 dan sekarang saya dihadapkan pada tantangan untuk "menghasilkan sesuatu" dari uang itu. Saya sudah tahu jalan saya di pasar saham dan saham dan dapat melihat kembali pengalaman beberapa tahun dalam perdagangan. Oleh karena itu, saya telah memutuskan untuk mengambil kesuksesan finansial saya ke tangan saya sendiri. Saya ingin menggunakan jumlah penuh untuk trading. Meskipun saya sudah memiliki pengalaman yang baik dalam perdagangan, saya ingin bertindak defensif di pasar. Kau tak pernah tahu. Tujuan saya adalah menghasilkan keuntungan sebesar $5.000 setahun—itu adalah pertumbuhan 20%.

Ditanya tentang gaya tradingnya, Anna menjawab bahwa dia ingin menjadi seorang position trader. Dia ingin melakukan analisis teknisnya di grafik mingguan dan untuk ini dia menyisihkan beberapa jam di akhir pekan. Anna ingin agar semua opsi tetap terbuka dan akan menganalisis indeks dunia dan saham individual dari mereka dan memperdagangkannya langsung di bursa saham masing-masing. Anna berusia tiga puluh lima tahun dan sudah menikah.

Selamat siang, nama saya Peter. Saya bekerja sebagai manajer departemen di sebuah perusahaan besar dan saya berusia empat puluh delapan tahun. Sebagai seorang manajer, saya cukup sibuk sepanjang hari, namun demikian saya dapat membaca banyak tentang perdagangan dalam beberapa bulan terakhir dan telah berdiskusi dengan keluarga saya tentang pembukaan akun perdagangan sebesar $15.000 dengan pialang berjangka. Tes pertama dengan akun demo sudah berjalan dengan baik dan saya yakin bisa meraih keuntungan 10% sampai 15% per tahun dengan swing trading. Sebagai ayah dari dua anak yang bertanggung jawab, saya ingin mendekati perdagangan secara defensif. Saya telah mengatur dengan keluarga saya bahwa saya akan diberikan satu jam setiap malam untuk mengurus posisi saya. Analisis teknis saya terjadi di grafik harian. Untuk perdagangan saya, saya menggunakan futures.

Dinyatakan dalam angka konkret, target perdagangan Peter adalah laba $1.500 hingga $2.250 di tahun pertama. Di sini juga, kita akan melihat bagaimana Peter menerapkan manajemen risiko dan uangnya untuk mencapai tujuannya.

Anna, Rick, dan Peter akan menemani kami mulai sekarang dan berbaik hati untuk berbagi ide, pengalaman, dan pemikiran mereka dengan kami secara teratur.

Ini akan memungkinkan kami untuk menyimpulkan pertimbangan persiapan kami dan mengambil langkah selanjutnya menuju manajemen risiko profesional.

Ringkasan singkat dari fakta yang paling penting:

> Manajemen risiko dan manajemen uang adalah dua istilah yang harus dipertimbangkan secara terpisah.

> Manajemen risiko berfungsi untuk membatasi kerugian.

> Pengelolaan uang terdiri dari kontrol dan peningkatan hasil perdagangan melalui perencanaan penempatan modal yang ditargetkan dan elemen lainnya.

> Investasi selalu dikaitkan dengan risiko kegagalan. Manajemen risiko mendukung Anda dalam membatasi risiko ini.

> Meskipun indeks saham secara teratur pulih dari waktu ke waktu setelah kemerosotan, ini tidak berlaku untuk semua perusahaan yang disertakan. Setelah jatuh dalam jangka waktu yang lama, ekuitas sering tertinggal di belakang level tertingginya. Manajemen risiko menghindari berpegangan pada perusahaan yang lemah dan membuka jalan bagi investasi pada calon pemenang baru.

> Saham bisa crash bersama dengan indeks, tetapi juga atas inisiatif mereka sendiri. Terutama analisis teknis dapat membantu Anda menghindari kerugian tinggi dan menemukan jalan keluar tepat waktu dari posisi kerugian.

> Sebelum Anda membuka akun trading dan memasuki pasar, Anda perlu mengetahui tentang diri Anda. Hanya jika Anda tahu di mana kekuatan dan preferensi pribadi Anda dalam perdagangan terletak, Anda dapat memulai perdagangan Anda pada mereka. Ini juga merupakan bagian dari manajemen risiko profesional.

> Pilihan gaya perdagangan yang sesuai juga merupakan bagian dari ini. Apakah Anda ingin bertindak dalam jangka panjang atau pendek adalah keputusan pribadi Anda dan berdampak pada desain manajemen risiko dan uang Anda.

BAB 2:
Manajemen Risiko

Contoh dari bab sebelumnya sudah cukup untuk memperjelas bahwa Anda tidak dapat menghindari batasan risiko profesional dalam perdagangan. Di pasar yang bergerak cepat, di mana keputusan investasi memerlukan tinjauan rutin, Anda perlu memastikan bahwa Anda tidak tiba-tiba memiliki pembuat kerugian jangka panjang dan permanen dalam portofolio Anda.

Tapi bagaimana Anda bisa memastikan ini? Bagaimana Anda bisa mengidentifikasi „pembunuh kinerja" seperti itu?

Tentu saja, ada metode dalam fundamental dan terutama dalam analisis teknis yang dapat menunjukkan pecundang jangka panjang. Jika, misalnya, peluncuran produk baru perusahaan gagal atau angka bisnis menjadi lebih buruk dari yang diharapkan selama beberapa kuartal berturut-turut, maka dari sudut pandang fundamental setidaknya disarankan untuk melihat lebih dekat pada grafik dan memeriksa sejauh mana investasi masih masuk akal sama sekali. Sayangnya, dalam kasus seperti itu, porsinya biasanya sudah turun jauh. Jadi, siapa pun yang menunggu data fundamental sebuah perusahaan—untuk berbicara dengan jelas—akan sering mendapat kejutan yang tidak menyenangkan dan, jika ragu, harus menanggung kerugian besar sebelum dia menarik rem darurat dan melepaskan sahamnya dari portofolionya.

Mungkin analisis teknis memberikan indikasi yang lebih baik dan lebih cepat ketika suatu saham atau pasar secara umum sedang menuju ke selatan. Dan memang, ada banyak petunjuk yang membuat petunjuk di sana-sini. Misalnya, tembusnya support penting atau finalisasi formasi puncak bisa menjadi sinyal pertama untuk meninggalkan kapal yang tenggelam. Formasi bahu-kepala-bahu, misalnya, memberikan indikasi yang jelas bahwa ada sesuatu yang salah dengan pasar atau pangsa. Ketika pasar menunjukkan tanda-tanda kelemahan pertama dan tidak mencapai titik tertinggi baru setelah harga tertinggi, investor pertama menjadi gugup. Jika suatu saham kemudian juga jatuh di bawah level support penting, maka kemungkinan besar saham itu akan terus turun, setidaknya dalam jangka pendek.

Mari kita lihat grafik dengan formasi bahu-kepala-bahu yang khas:

Gambar 5: S&P 500 INDEX, grafik mingguan (satu lilin = satu minggu). S&P 500 naik dari level terendahnya di tahun 2009 di 666,79 poin ke level tertingginya di tahun 2011 di 1.370,58 poin. Di sana ia membentuk kepala yang hanya sedikit lebih tinggi dari ketinggian sebelumnya – bahu kiri. Ketika S&P 500 tidak menciptakan harga tertinggi baru, bahu kanan terbentuk. Dengan memutus garis leher pada titik 1, penjualan dimulai pada 1.265 poin. S&P 500 kehilangan sekitar 15% nilainya dalam waktu tiga bulan. Kemudian S&P 500 stabil dan memulai reli baru ke level tertinggi baru sepanjang masa. Sumber: www.tradingview.com

Kita melihat bahwa S&P 500 telah berada dalam tren naik sejak 2009. Setelah kenaikan yang stabil dan langsung, S&P 500 jatuh kembali, naik lagi dan membentuk titik tertinggi baru. Sejauh ini baik. Ini juga cocok dengan gambaran keseluruhan. Tapi kemudian terjadi sesuatu yang tidak sesuai dengan gambaran besarnya. S&P 500 jatuh, mulai naik lagi dan kemudian tiba-tiba tidak membentuk titik tertinggi baru. Saat ini teknik grafik menjadi sangat menarik! Pada titik ini kita dapat menafsirkan sedikit. Apa yang ada di benak investor? Setelah naik selama beberapa bulan atau tahun, tiba-tiba tidak ada yang baru? Di area tertinggi sepanjang masa?! Apa yang sedang terjadi di sana?!

Kita tidak perlu menjadi peramal untuk mengetahui bahwa reaksi pada titik ini paling tidak mungkin. Perhatian sekarang lebih dari tepat! Dan memang: Sesuai dengan aturan pasar „apa yang tidak bisa naik, harus turun," S&P 500 sedang menuju ke selatan. Pertama-tama menembus support di titik 1 dan kemudian support di titik 2.

Mari kita berhenti sejenak pada titik ini dan mempertimbangkan faktanya:

1. Pasar tidak berhasil menandai tertinggi baru, tetapi memantul kembali di area tertinggi sepanjang masa.

2. Setelah reli panjang, harga berhenti dan support penting pertama ditembus.

Apa reaksi Anda? Apa yang kamu harapkan? Setelah pengalaman tahun 2000 dan 2007, apa dorongan pertama Anda?

Itulah yang dipikirkan banyak orang! Setelah menembus titik 2, harga jelas turun lagi. Investor telah keluar dari posisi mereka dan penjual pendek juga telah memasuki pasar. Kedua faktor ini menyebabkan S&P 500 turun di bawah 1.100 poin dalam beberapa bulan.

Lantas, apakah teknik chart bisa memberikan indikasi pembalikan tren? Ya, bisa! Tapi mereka hanya petunjuk. Kita juga dapat melihat bahwa S&P 500 naik lagi segera setelah aksi jual, mencapai level tertinggi baru dalam prosesnya.

Jadi, bukankah lebih baik mempertahankan posisi? Duduk di luar kerugian? Jelas, semuanya selalu naik! Di sini kita harus memikirkan manajemen risiko kita. Setelah pengalaman masa lalu: Siapa yang bisa mengatakan sebelumnya di mana penjualan akan berakhir? Kita tidak dapat memprediksi masa depan dan oleh karena itu harus melindungi diri kita dari kerugian dasar.

Oleh karena itu, dalam situasi seperti itu hanya ada satu rekomendasi untuk Anda: Keluar dari pasar!

Manajemen risiko terutama berarti membatasi kerugian. Dan mereka yang, misalnya, telah menutup posisi mereka pada poin 1 atau bahkan poin 2, telah menyelamatkan sebagian besar kerugian mereka. Dan kerugian yang disimpan dalam pengertian ini juga merupakan keuntungan!

Mengapa sebenarnya lebih baik keluar daripada tetap di posisi ini dan berharap untuk waktu yang lebih baik? Karena kita tidak tahu seberapa jauh penjualan akan terjadi dan kapan pemulihan akhirnya akan terjadi.

Dengan cara ini, Anda menyimpan modal perdagangan Anda yang berharga, yang pada akhirnya membentuk dasar perdagangan Anda.

Mari kita pikirkan satu langkah lebih jauh: Anda memiliki kebijakan manajemen risiko yang ketat dan mungkin telah keluar dari pasar pada poin 1 atau 2. Selama analisis pasar reguler Anda, Anda kemudian akan menemukan bahwa aksi jual tidak sejauh yang Anda takutkan. Siapa yang mencegah Anda masuk kembali setelah tanda-tanda pemulihan pertama? Kesempatan pertama untuk melakukannya diberikan, misalnya, pada poin 3.

Sekali lagi: Manajemen risiko berarti membatasi kerugian!

Rencanakan perdagangan Anda dan tukar rencana Anda! Elemen mana yang penting untuk manajemen risiko?

Sekarang setelah Anda begitu intensif menyesuaikan diri dengan batasan kerugian dan manajemen risiko, penting untuk mengkonkretkan hal-hal setelah pertimbangan umum. Langkah pertama menuju manajemen risiko profesional adalah perencanaan yang tepat dari perdagangan di bawah aspek risiko. Untuk mendapatkan gambaran tentang apa sebenarnya arti risiko dalam trading dan seberapa besar risiko yang diperbolehkan, silakan lihat tabel berikut:

Kehilangan	Pemulihan	Rasio pemulihan terhadap kerugian
10%	11.10%	1.11
20%	25.00%	1.25
30%	42.90%	1.43
40%	66.70%	1.67
50%	100.00%	2
60%	150.00%	2.5
70%	233.30%	3.33
80%	400.00%	5
90%	900.00%	10
95%	1900.00%	20

Gambar 6: Perjalanan jauh ke belakang. Dimana kerugian kecil pertama dapat dibuat tanpa banyak usaha, air pasang mulai berbalik dengan kerugian yang meningkat. Setelah 50% terlampaui, Anda harus menghasilkan setidaknya 100% keuntungan untuk kembali ke titik awal. Jika Anda telah kehilangan 95% dari akun perdagangan Anda, Anda membutuhkan 1.900% keuntungan untuk kembali ke nol.

Apa yang dikatakan tabel ini kepada kita? Kita sekarang tahu bahwa trading bukan hanya tentang menghasilkan keuntungan. Kerugian selalu menjadi bagian dari perdagangan. Ini tidak dapat dihindari dan hanya bagian dari bisnis—biaya operasional, bisa dikatakan. Seperti yang kita ketahui dari pedagang yang baik, penting juga bagi kita untuk menjaga biaya serendah mungkin. Anda dapat melihat dari tabel apa artinya ketika biaya tidak terkendali, yaitu, ketika kerugian mengambil alih.

Mari kita asumsikan Anda memiliki akun perdagangan dengan deposit $10.000 dan Anda menginvestasikan $10.000 ini dalam satu judul. Terlepas dari perencanaan yang matang, Anda harus menerima kerugian 10% untuk saham yang satu ini. Apa artinya ini bagi akun trading Anda? Anda telah kehilangan persis $1.000 setelah kehilangan 10%, yang sekarang Anda lewatkan di akun perdagangan Anda. Ini berarti Anda hanya akan memiliki $9,000 untuk pembelian berikutnya. Jadi, Anda membeli saham berikutnya dengan total $9,000. Kali ini Anda berada di sisi kanan dan mencapai keuntungan 11% dengan perdagangan Anda. Dengan keuntungan 11% ini, Anda dapat menebus kerugian Anda dan kembali ke titik awal akun Anda.[2] Dengan kerugian 10% di belakang, untuk mencapai keuntungan 11% di langkah berikutnya dan dengan demikian kembali ke nilai awal dapat dikelola dan dalam batas-batas kemungkinan. Bahkan dengan kerugian 20%, kita dapat berasumsi bahwa pedagang setengah terampil tidak akan menunda ini dan akan mampu menebus kerugian ini dalam waktu yang wajar. Tetapi dari kerugian 30%, segalanya perlahan mulai terlihat berbeda. Semakin jauh Anda masuk ke zona kerugian, semakin besar tantangan untuk keluar darinya dan setidaknya menyeimbangkan kembali akun trading. Bahkan kerugian 50%—baik dengan satu perdagangan atau total—berarti Anda harus menggandakan akun perdagangan Anda untuk kembali ke titik awal.

---

2   Harap dicatat bahwa ini bukan keuntungan $1.000, tetapi $990. Sebenarnya, persentase untuk pemulihan adalah 11,1 %. Mari kita selesaikan di sini demi kesederhanaan. Ini tidak mengubah temuan dasar dan kami menjaga semuanya tetap sederhana. Kebetulan, kami juga mengabaikan semua biaya transaksi untuk pertimbangan kami.

Dengan asumsi Anda berhasil melakukannya, pertanyaan segera muncul: mengapa Anda tidak menggandakan akun Anda sejak awal?

Semakin jauh Anda masuk ke zona kerugian, semakin sulit jalan kembali dan Anda semakin dalam ke dalam ketidakmampuan untuk bertindak. Setelah Anda kehilangan 80% dari akun trading Anda, Anda perlu mendapatkan 400% lebih banyak untuk menebusnya. Terkait dengan akun Anda dengan $10.000 yang asli, ini berarti bahwa dengan sisa $2.000 Anda harus menghasilkan keuntungan sebesar $8.000. Performa matang yang pasti akan memasukkan Anda ke dalam lingkaran trader top.

Jika ini tampaknya tidak mungkin, maka itu menjadi utopis di kisaran kerugian 90%. Siapa pun yang masih mencapai keuntungan 900% atau bahkan 1.900% dengan punggung menempel ke dinding termasuk dalam Olympus para pedagang.

Tapi selain bercanda, semuanya memiliki latar belakang yang sangat serius. Kesimpulan dari ini adalah bahwa Anda harus menghindari tergelincir di bawah 30% ke dalam zona kerugian dalam segala keadaan. Bahkan, Anda lebih memilih untuk tetap berada di atas batas kerugian 20%. Untuk tetap menggunakan contoh kami, tantangan bagi Anda adalah „hanya" untuk mencapai keuntungan $2.000 dengan $8.000.

Untuk alasan ini, faktor kunci dalam manajemen risiko adalah risiko yang diambil dalam setiap kasus. Mari kita praktikkan segera: Jawablah pertanyaan berikut dan jujurlah pada diri sendiri:

> Berapa banyak risiko yang ingin saya ambil per perdagangan atau posisi?

Tentu saja, ada rumus dan aturan praktis untuk ini, yang juga akan kita lihat di bawah. Tetapi sekarang yang utama adalah Anda menentukan jumlah yang tepat untuk Anda. Ini adalah jawaban murni individu dan hanya berkaitan dengan kesejahteraan pribadi Anda dan ada alasan untuk ini.

Hal ini karena jika terjadi kerugian, jumlah yang telah Anda tentukan jauh dari rekening Anda dan akan dicatat sebagai kerugian. Ini berarti Anda tidak dapat membeli saham baru dengan jumlah ini. Artinya, Anda tidak bisa pergi berlibur dari jumlah tersebut. Ini juga berarti bahwa jika Anda ragu, jumlah ini tidak tersedia untuk kebutuhan pribadi Anda.

Jika Anda sudah mengalami sakit perut, maka itu adalah hal yang baik. Karena itu baik untuk berpikir secara intensif selama persiapan dan kemudian bertindak secara sadar. Jadi, jika Anda khawatir tentang modal Anda: Tidak ada yang memaksa Anda untuk mengambil keuntungan penuh dari risiko dalam perdagangan.

Hanya jika Anda memilih jumlah yang sesuai untuk Anda dan dapat Anda atasi jika terjadi kerugian, Anda dapat yakin bahwa Anda akan mengambil perdagangan dengan berani pada saat membuka posisi. Dan hanya dengan jumlah risiko yang tepat untuk Anda, Anda secara mental mampu menganalisis situasi dengan tenang dan hati-hati jika terjadi kerugian dan untuk membuat keputusan profesional lebih lanjut.

Jadi untuk berjaga-jaga, seberapa besar risiko yang bersedia Anda ambil per perdagangan?

Tentu saja, ada juga varian konkrit untuk menentukan risiko yang akan diambil, yang idealnya juga sesuai dengan pertimbangan Anda dalam hasil. Untuk melakukan ini, kita perlu melihat situasi keuangan Anda secara keseluruhan. Untuk menentukan jumlah risiko yang optimal, kami memerlukan gambaran konkret tentang aset Anda. Dalam praktiknya, definisi aset cukup luas. Ada suara yang menganggap real estat, asuransi, perhiasan, dan barang berharga lainnya sebagai aset. Ini tentu benar untuk istilah „aset", tetapi itu tidak membantu kami dalam pertimbangan kami di sini.

Untuk tujuan kami, karena itu kami ingin menangani semua aset likuid Anda:

> Berapa banyak dana likuid yang tersedia untuk perdagangan Anda?

> Berapa banyak dari ini yang akan Anda gunakan untuk trading dan deposit ke akun trading Anda?

Pendekatan dua cabang dari akun perdagangan ini di satu sisi dan aset likuid lainnya sebagai cadangan, di sisi lain, masuk akal, misalnya, jika Anda tidak ingin mengisi akun perdagangan Anda dengan 100% aset tunai Anda, tetapi pada dasarnya bersedia untuk menggunakannya.

Pada titik ini, izinkan kami memastikan bahwa Anda hanya menggunakan uang tunai yang dapat Anda sisihkan untuk berdagang.

Dalam situasi apa pun Anda tidak boleh menaruh semua telur Anda dalam satu keranjang, tetapi selalu simpan cadangan likuiditas yang dapat digunakan untuk memulai perdagangan lagi dalam keadaan darurat. Selalu awasi ketentuan pensiun pribadi Anda. Ini juga merupakan bagian dari manajemen risiko dan uang profesional!

Jadi, mari kita asumsikan bahwa Anda memiliki catatan yang tepat tentang aset tunai cair Anda dan Anda memiliki bagian yang dicadangkan untuk perdagangan di akun perdagangan Anda. Mari kita asumsikan lebih lanjut bahwa Anda telah menyetor $10.000 yang disebutkan di atas ke dalam akun perdagangan Anda. $10.000 ini mulai sekarang sebagai dasar pertimbangan kami selanjutnya.

Dalam praktiknya, jumlah yang bergantung pada akun perdagangan telah terbukti menjadi cara yang baik untuk menentukan risiko yang akan diambil. Banyak pedagang mengambil jumlah 1% hingga 2% dari akun perdagangan mereka di sini. Tentu saja, Anda juga dapat mengambil jumlah yang kurang dari 1%, misalnya 0,5% dari akun trading Anda. Ini selalu tergantung pada ukuran akun trading Anda. Saat menentukan jumlah risiko Anda, selalu pertimbangkan fakta bahwa kerugian juga perlu dikompensasi. Dan seperti yang telah kami nyatakan di atas, semakin dalam Anda mengalami kerugian secara keseluruhan, semakin lama dan semakin sulit jalan untuk kembali.

Oleh karena itu, pertahankan 2% sebagai batas atas maksimum risiko Anda!

Tentunya pada saat ini, Anda sudah menebak apa arti realisasi ini bagi Anda. Kami telah membahas jumlah risiko mana yang tepat untuk Anda tanpa mengetahui aturan persentase. Sekarang, jika Anda membandingkan satu jumlah dengan yang lain:

> Jumlah mana yang lebih tinggi?

> Jumlah mana yang lebih nyaman bagi Anda?

> Jumlah mana yang lebih nyaman bagi Anda? Secara mental dan finansial?

> Berapa jumlah uang yang akan membuat Anda tidur nyenyak bahkan jika Anda tetap di posisi Anda semalaman?

Buat keputusan Anda. Untuk perhitungan Anda sendiri, Anda akan menemukan di bawah rumus untuk jumlah yang berisiko per posisi:

*Akun perdagangan * Risiko dalam persen = Jumlah risiko*

Sehubungan dengan akun sampel kami, ini berarti

$$\$10{,}000 * 1\% = \$100$$

Terlepas dari persentasenya, Anda sebaiknya memilih jumlah yang membuat Anda merasa baik dan memungkinkan Anda tidur nyenyak di malam hari. Untuk menghitung jumlah persentase dari jumlah absolut ini, kita harus mengubah sedikit rumus:

$$\frac{Risk\ amount}{Trading\ account} = Risk\ in\ percent$$

Jika Anda telah memutuskan jumlah—misalnya—$75 sebagai risiko yang akan diambil, maka ini berarti terkait dengan akun trading Anda:

$$\frac{\$75}{\$10,000} = 0.0075 = 0.75\%$$

Menentukan persentase risiko pada akun trading Anda penting karena nilai ini menentukan jumlah awal Anda memulai trading. Anda dapat dengan mudah membayangkan bahwa perkembangan akun perdagangan Anda sama sekali tidak statis. Sebaliknya, pembangunan akan bersifat dinamis—dua arah. Dengan memilih persentase jumlah risiko, Anda memastikan bahwa Anda selalu memasuki pasar dengan risiko yang sama dalam kaitannya dengan akun perdagangan Anda. Jadi, jika Anda dapat meningkatkan akun trading Anda dari $10.000 sebesar 10% menjadi $11.000, maka risiko yang Anda ambil juga akan meningkat sebesar 10%.

Perhitungannya kemudian terlihat seperti ini:

$$\$11,000 * 1\% = \$110$$

Persentase risiko tetap tidak berubah. Bukan risiko mutlak. Risiko absolut berkembang bersama dengan akun trading Anda. Dengan asumsi Anda menderita kerugian 10% pada akun perdagangan Anda, perhitungan risiko untuk perdagangan Anda berikutnya akan terlihat seperti ini:

$$\$9,000 * 1\% = \$90$$

Dengan cara ini Anda memastikan bahwa Anda selalu berdagang dalam batas yang sesuai dan bahwa risiko Anda tidak menjadi terlalu tinggi dibandingkan dengan akun perdagangan. Karena jika Anda menjaga jumlah absolutnya tetap konstan, Anda akan dengan cepat menjadi tidak berdaya jika Anda kalah.

Bahkan jika Anda dipandu oleh jumlah "rasa senang" Anda, rekomendasinya adalah mengubahnya menjadi jumlah persentase dari akun perdagangan Anda. Seiring bertambahnya akun, jumlah ini tentu saja akan meningkat secara absolut. Jika menang, $75 yang asli akan segera menjadi $80 atau $90 dan Anda, tentu saja, bebas untuk mengurangi jumlah persentase dan tetap dengan jumlah yang Anda inginkan. Sisi lain dari koin, bagaimanapun, adalah bahwa hal itu benar-benar memperlambat elemen penting dari pengelolaan uang dan dengan demikian memperlambat pertumbuhan akun perdagangan Anda. Tentu saja, Anda harus menyadari hal ini dalam prosedur ini.

Singkatnya, kita dapat mengatakan bahwa menentukan persentase risiko sebagai fungsi dari ukuran akun perdagangan pada saat yang baik dengan keuntungan terus meningkatkan jumlah absolut yang berisiko, yang pada gilirannya meningkatkan akun perdagangan. Di masa-masa sulit dengan beberapa kerugian berturut-turut, penentuan persentase risiko memperlambat penurunan dengan terus mengurangi jumlah risiko absolut. Dengan cara ini, Anda memastikan bahwa Anda selalu mampu bertindak dan melindungi modal berharga Anda, bahkan dalam fase dengan banyak kerugian— yang disebut „fase penarikan".

Pada titik ini, kami dapat menyimpulkan pertimbangan kami mengenai risiko yang akan diambil dan melanjutkan ke poin berikutnya. Namun, mari kita tetap dengan topik ini sedikit lebih lama dan pada saat yang sama terus fokus pada Anda dan kekuatan Anda.

Di bab pertama, kami membahas pertanyaan apakah Anda ingin berdagang secara agresif atau defensif dan juga mempertanyakan seberapa banyak pengalaman yang sudah Anda miliki di pasar dan produk yang Anda perdagangkan. Pertanyaan juga diajukan apakah Anda lebih berorientasi jangka panjang atau jangka pendek. Ada alasan yang sangat spesifik untuk ini. Pada titik ini kita dapat kembali ke titik-titik ini. Silakan lihat kembali jawaban Anda.

Mengapa masuk akal untuk memiliki jawaban konkret untuk diri sendiri dalam hal menentukan jumlah risiko?

Saat menentukan jumlah yang berisiko, Anda juga harus mempertimbangkan keadaan pribadi Anda. Tentu, akun perdagangan menjadi dasar perhitungan Anda. Namun, ini hanya rekomendasi pertama, yang tidak boleh Anda terapkan secara kaku dan tanpa pertanyaan dan tanpa komentar. Jika, misalnya, Anda telah menentukan bahwa Anda lebih suka berdagang secara defensif di pasar, maka ada baiknya mempertimbangkan untuk mengurangi persentase jumlah risiko sedikit—misalnya, dari 1% menjadi 0,75% atau bahkan menjadi 0,5%.

Jika Anda hanya berpegang teguh pada formula di atas, ada risiko bahwa Anda tidak akan merasa nyaman dengan „kulit pedagang“ Anda dan perdagangan itu akan agak tidak nyaman bagi Anda sejak awal. Untuk alasan ini, penting untuk memasukkan aspek ini dalam penentuan risiko.

Anda juga harus memasukkan pengalaman Anda di pasar atau produk yang Anda perdagangkan dalam penilaian risiko. Bayangkan Anda benar-benar baru di pasar keuangan. Mungkin Anda belum mengetahui platform perdagangan, pasar, atau produk seratus persen dan Anda baru mulai berdagang. Seperti dalam kehidupan nyata, motonya adalah „belajar sambil melakukan“. Apa artinya ini bagi manajemen risiko Anda? Tentu saja—pertahankan risikonya tetap kecil! Sekali lagi, perhitungan persentase digunakan sebagai orientasi pertama. Tetapi jika Anda baru mengenal suatu topik, hanya ada satu rekomendasi untuk Anda: Kurangi risiko Anda! Ambil risiko 0,5% atau bahkan kurang. Seiring bertambahnya pengalaman Anda, Anda kemudian dapat meningkatkan persentase risiko sedikit demi sedikit.

Di awal karir Anda, penting untuk membeli pengalaman yang Anda butuhkan semurah mungkin. Selalu ingat bahwa tidak ada yang memaksa Anda untuk berdagang dengan risiko penuh. Buat pengalaman Anda sampai Anda benar-benar yakin dengan pasar, strategi, dan produk pilihan Anda. Kemudian lebih lanjut sesuaikan risiko Anda dengan tingkat pengalaman yang baru.

Sekarang mari kita tinggalkan bagian teoretis dan melihat sisi praktisnya. Di sana Peter, Anna, dan Rick sudah menunggu untuk berbagi pemikiran mereka dengan kami. Biarkan Rick menjadi yang pertama berbicara:

Saya hanya memiliki akun perdagangan kecil. Jika saya menghitung risiko saya dengan benar, maka dengan satu persen risiko akun perdagangan, risiko absolutnya hanya $50. Saya tidak benar-benar mendapatkan apa-apa dengan ini, tapi . . . Saya yakin saya akan segera dapat mengambil risiko yang lebih mutlak!

Dapat dimengerti bahwa Rick kecewa dengan jumlah absolutnya yang berisiko. Banyak pedagang memulai perdagangan mereka dengan gagasan tentang jumlah yang sangat besar—sebagai keuntungan. Ini adalah batasan risiko yang ketat dan konstan yang membuat trader sukses secara permanen. Dan seperti yang juga dikatakan Rick: Segera jumlah absolutnya akan lebih besar dan kemudian „keuntungan besar" akan datang. Berkenaan dengan pasar perdagangan dan gaya perdagangan, harus dikatakan bahwa — terutama dalam perdagangan valas — dimungkinkan untuk berdagang dalam jangka pendek dengan jumlah risiko yang relatif rendah.

Bagaimana pendekatan Anna dalam penentuan risikonya?

Dengan akun perdagangan saya sebesar $25.000, saya benar-benar dapat membuat perbedaan. Risiko saya adalah $250 per perdagangan dan posisi dengan satu persen dari $25.000. Saya dapat mengatasi hal ini, terutama karena saya berencana untuk jangka waktu yang lebih lama dalam perdagangan posisi dan saya tidak terlalu terpengaruh oleh fluktuasi acak seperti pedagang yang bertindak dalam waktu singkat. Saya merasa nyaman dengan ini dan saya juga berpikir untuk meningkatkan risiko saya menjadi 1,5% tergantung pada situasinya.

Sebagai pedagang posisi, Anna tidak akan melakukan perdagangan sebanyak pedagang harian. Penilaian risiko keseluruhan untuk Anna juga akan didasarkan pada periode waktu yang lebih lama. Ketika

Anna mengatakan bahwa dia ingin meningkatkan risikonya menjadi 1,5% tergantung pada situasinya, sepertinya itu cocok untuk gaya dan akun tradingnya.

Akhirnya, mari kita dengarkan pemikiran Peter:

saya robek. Sebenarnya, saya percaya diri dengan segalanya. Risiko 1% dari akun saya adalah $150. Memiliki atau tidak memiliki. Saya tidak ingin mengambil risiko terlalu banyak dan sebaiknya saya melakukannya dengan perlahan. Saya awalnya akan menetapkan diri saya pada risiko 0,75%. Jadi, risiko absolut saya di awal adalah maksimum $112,50. Saya pikir saya bisa mengatasinya dengan lebih baik.

Peter dicadangkan, meskipun dia sudah memiliki pengalaman yang baik dengan akun demo. Karena Peter menganggap dirinya defensif, strategi ini juga cocok untuknya.

Mari kita lihat lagi pernyataan-pernyataan tersebut dalam ikhtisar tabel:

	Rick	**Anna**	**Peter**
Trading Style	Day Trading	Position Trading	Swing Trading
Account size	$5,000	$25,000	$15,000
Product	Forex	Shares, ETF	Futures
Percentage risk per trade	1%	1% - 1.5%	0.75%
Absolute risk per trade	$50	$250 - $375	up to $112

Gambar 7: Ikhtisar dari tiga pedagang Rick, Anna dan Peter dan situasi awal mereka

Mari kita ambil ide sebelumnya secara langsung dan masuk ke topik manajemen risiko secara lebih mendalam:

Semua telur dalam satu keranjang?! Dengan cara ini Anda dapat membedakan risiko Anda secara keseluruhan dari risiko individu!

Bagian ini mungkin mengejutkan Anda. Namun, pada pemeriksaan lebih dekat, ini adalah langkah logis berikutnya dalam pertimbangan kami. Sejauh ini, kita telah membahas risiko yang akan diambil, tetapi ini hanya berlaku per perdagangan dan posisi.

Apa yang juga penting untuk perencanaan sukses dan manajemen risiko Anda adalah pertanyaan tentang risiko secara keseluruhan. Sekali lagi, Anda sekarang memiliki kesempatan untuk menangani secara khusus pertanyaan lain:

> Seberapa besar risiko keseluruhan yang dapat diterima untuk saya?

Sebelum Anda menjawab enteng di sini, mohon pikirkan kembali dan pertimbangkan berapa banyak keuntungan yang Anda butuhkan untuk menebus kerugian Anda.

Sangat mudah untuk mengatakan bahwa Anda dapat mengatasi kerugian 2%, 3% atau 5%. Atau yang kamu katakan: *Saya masih bisa menerima kerugian $1.000. Itu diperhitungkan dalam perencanaan risiko saya.*

Tapi seperti apa rasanya ketika kita tidak lagi berbicara tentang satu perdagangan yang merugi, tetapi serangkaian perdagangan yang merugi? Bisakah Anda tetap berani mengatakan bahwa ini juga dihitung?

Anda harus selalu menyadari bahwa setiap strategi tidak hanya melibatkan kerugian individu, tetapi seluruh rangkaian kerugian.

Maka sangat normal bahwa empat, lima, enam atau bahkan lebih perdagangan yang kalah terjadi berturut-turut. Dan kemudian kerugian bertambah menjadi kerugian keseluruhan. Manajemen risiko profesional juga sangat dibutuhkan di sini. Siapa pun dapat menangani perdagangan yang merugi. . . tetapi berurusan secara profesional dengan serangkaian kerugian adalah masalah yang sama sekali berbeda. Untuk melakukan ini, penting bagi Anda untuk memiliki rencana tentang apa yang akan Anda lakukan:

1.   terima sebagai risiko total

2.   dan lakukan ketika jumlah total risiko ini tercapai.

Jawaban atas pertanyaan pertama sekali lagi merupakan jawaban yang sangat individual. Di sini juga, ini semua tentang „merasa baik". Anda harus dapat menangani akumulasi kerugian setiap saat. Indikator yang baik dari tingkat kerugian total yang dapat diterima adalah, kebetulan, keluarga atau pasangan Anda. Bisakah Anda bayangkan untuk secara terbuka mengatasi kerugian Anda?: *Sayang sayang, saat ini saya mengalami kerugian $15.000 di akun perdagangan saya. . .*

Jika tidak, maka bagaimanapun Anda sudah tahu jumlah mana yang terlalu tinggi. Apa yang terbaca bercanda pada awalnya sayangnya seringkali menjadi kenyataan yang pahit. Untuk mengintensifkan efek yang tidak menyenangkan, poin psikologis tambahan ditambahkan ke kerugian finansial. Jika kerugian keseluruhan menjadi terlalu tinggi, Anda tidak hanya akan lumpuh secara finansial, tetapi juga mental. Kemudian ada bahaya bahwa Anda akan mengalami shock, sehingga untuk berbicara, dan kehilangan peluang perdagangan yang dapat membawa Anda keluar dari jalur kerugian. Anda kemudian tidak hanya kekurangan dasar finansial untuk bertindak, tetapi juga kepercayaan pada pasar, strategi Anda, dan akhirnya pada diri Anda sendiri.

Mulai saat ini, ada bahaya besar bahwa Anda menutup perdagangan— yang akan sangat disayangkan—atau bahwa Anda mendapatkan ide untuk „membalas dendam" di pasar dan dengan keberanian putus asa membuang uang baik demi uang buruk— yang juga akan sangat disayangkan.

Untuk alasan ini, penting untuk melakukan manajemen risiko secara profesional dan berpikir serius tentang kerugian keseluruhan apa yang dapat diterima serta dapat ditanggung secara finansial dan mental untuk Anda.

Sayangnya, tidak ada aturan praktis yang bisa disajikan di sini. Dalam prakteknya, ada pedagang yang kerugian kelima berturut-turut adalah akhir, yang lain menarik batas mereka pada 10% total kerugian yang telah disebutkan dari akun perdagangan mereka. Seperti yang telah dikatakan, itu adalah keputusan murni individu.

Pertanyaan berikutnya yang mengikuti adalah apa yang Anda lakukan ketika batas kerugian Anda tercapai. Banyak pedagang kemudian segera menghentikan perdagangan dan mulai menganalisis pasar dan perdagangan mereka sendiri. Jika Anda mengalami serangkaian kerugian, maka hal yang sama direkomendasikan untuk Anda.

Alasannya sederhana. Jika strategi trading Anda yang sudah terbukti tiba-tiba gagal beberapa kali berturut-turut, maka ada sesuatu yang berbeda dari biasanya. Ini bisa karena pasar, tetapi juga karena Anda. Dalam keadaan tertentu, perdagangan tidak lagi masuk akal. Sebaliknya, Anda harus mencari penyebabnya. Analisis pasar perdagangan Anda, metodologi Anda, dan/atau kondisi pribadi Anda dan jeda sampai kondisi batin Anda, pasar, dan metodologi Anda cocok kembali.

Manajemen risiko, oleh karena itu, berarti tidak hanya membatasi risiko satu posisi, tetapi juga memikirkan terlebih dahulu tentang bagaimana Anda ingin menangani serangkaian kerugian dan pada titik mana Anda ingin menghentikan sementara perdagangan Anda.

Untuk melengkapi gambarannya, kita perlu melihat dua aspek lain dari keseluruhan risiko.

Bayangkan Anda adalah seorang trader posisi seperti Anna. Pasar berjalan dengan baik dan Anda sepenuhnya berinvestasi di pasar dengan akun perdagangan Anda. Anda memiliki sepuluh saham dalam portofolio Anda yang Anda yakini 100%. Apa yang perlu Anda sadari?

Saat merencanakan keseluruhan posisi Anda, tentu saja Anda juga harus mengingat risiko keseluruhan portofolio Anda! Apalagi jika Anda ingin berperan sebagai swing atau trader posisi dalam jangka panjang. Saat merencanakan risiko Anda secara keseluruhan, selalu pertimbangkan jalan kembali. Terutama jika menyangkut risiko keseluruhan, Anda tidak boleh mempertaruhkan kemampuan Anda untuk bertindak. Ini sangat penting mengingat kesan beberapa tahun terakhir, ketika kita telah mengalami dua keruntuhan pasar global secara berurutan. Tetapkan jumlah yang dapat Anda terima dan ketika jumlah itu tercapai, keluar dari pasar dan likuidasi posisi Anda. Kemudian perhatikan aktivitas gugup para pelaku pasar yang tersisa, santai dari pinggir lapangan dan cari peluang masuk yang menguntungkan saat badai telah berlalu. Ketika orang lain kemudian masih memeriksa rekening bank mereka yang menyusut dengan tidak percaya, Anda kembali memasuki pasar dengan kekuatan yang hampir penuh. Itulah manajemen risiko profesional!

Dengan pertimbangan terbaru ini, sebagian besar pedagang menyimpulkan penilaian risiko mereka dan terjun ke perdagangan. Satu jangka pendek sebagai pedagang intraday, jangka panjang lainnya sebagai pedagang posisi. Dalam konteks ini, bagaimanapun, kita masih harus mempertimbangkan aspek terakhir dari manajemen risiko.

Kami telah menyatakan di atas bahwa dalam praktiknya, risiko per perdagangan dan posisi 1%–2% dari akun perdagangan telah terbukti menjadi praktik yang baik. Tapi apakah ini juga berlaku untuk semua gaya trading?

Misalkan Anda ingin menjadi intraday trader. Lalu bagaimana dengan persentase ukuran posisi Anda? Apakah aturan praktis

1%–2% dari akun perdagangan juga berlaku di sini? Mungkin tidak. Anda harus selalu mengingat referensi waktu. Seorang pedagang intraday memiliki frekuensi perdagangan yang berbeda dari pedagang posisi. Pedagang posisi mengonversi sebagian kecil dari perdagangan pedagang intraday. Tentu saja, keduanya tidak dapat mengambil risiko yang sama—baik dalam persentase maupun absolut.

Bayangkan itu dalam angka. Mari kita asumsikan Anda memiliki akun trading dengan deposit $100.000 dan ingin bertindak sebagai intraday trader. Apakah Anda ingin mengambil $1.000 sebagai risiko absolut per perdagangan? Setelah serangkaian kerugian dari lima perdagangan berturut-turut, Anda telah - dibulatkan secara kasar: kerugian total $5.000 atau 5%. Jika Anda berdagang pada grafik 1 menit, Anda tidak perlu sepuluh menit untuk berdagang dalam skenario terburuk. Terlepas dari seperti apa kegelisahan Anda setelahnya, pendekatan ini adalah cara yang baik untuk menghilangkan akun trading dalam waktu singkat.

Jadi, semakin jangka pendek Anda bertindak di pasar, semakin rendah persentase risiko yang harus Anda ambil per posisi. Banyaknya kemungkinan perdagangan dalam perdagangan jangka pendek saja berarti Anda menanggung risiko menjaga keseluruhan risiko tetap tinggi secara tidak proporsional. Sebaliknya, Anda dapat meningkatkan persentase risiko sedikit semakin lama Anda ingin aktif di pasar. Ini hanya karena fakta bahwa dengan investasi jangka panjang, Anda dapat melakukan lebih sedikit perdagangan sepanjang tahun daripada pedagang yang berorientasi jangka pendek.

Dan tentu saja—seperti yang telah kami sebutkan di bab pertama—manajemen risiko profesional juga mencakup tidak menginvestasikan seluruh akun perdagangan dalam satu saham atau pasar, melainkan—dan di sinilah persentase risiko per posisi dalam kombinasi dengan risiko keseluruhan muncul. ikut bermain—bahwa diversifikasi yang masuk akal terjadi dalam portofolio Anda. Ini berarti Anda menggabungkan industri, negara, wilayah, dan, idealnya, juga mata uang dalam portofolio Anda.

Ini berarti bahwa kita sekarang dapat benar-benar menyimpulkan refleksi kita tentang manajemen risiko dan sekali lagi melihat ke sisi praktis. Apa yang tiga pedagang kita katakan? Mari kita mulai dengan Rick segera:

Sebagai seorang day trader di pasar forex, saya tidak terlalu malu untuk memikirkan struktur portofolio. Tetapi yang tampaknya penting bagi saya adalah berhati-hati untuk tidak secara tidak sengaja menukar arah yang sama dengan pasangan yang berbeda pada waktu yang sama. Saya berhati-hati untuk memperdagangkan pasangan mata uang yang tidak sama dan sejalan satu sama lain. Jika tidak, saya telah memutuskan untuk beristirahat selama sisa minggu ini setelah kehilangan lima perdagangan berturut-turut. Jika ini terjadi, saya akan melakukan analisis intensif. Sebagai risiko keseluruhan maksimum, saya menganggap 15% dari akun perdagangan sebagai realistis. Jika itu tercapai, saya pasti akan mengakhiri bulan. Sebagai gantinya, saya kemudian beralih ke akun demo untuk meningkatkan keterampilan saya tanpa risiko lebih lanjut. Tapi karena saya ingin menang, ini hanya pertimbangan teoretis untuk saya. . .

Rick benar dalam penilaiannya. Di pasar forex juga, ada pasangan mata uang yang sejalan dengan yang lain, yang sebenarnya harus diperlakukan sebagai satu perdagangan dan melebih-lebihkan manajemen risiko. Risiko keseluruhan 15% sesuai dengan penilaian agresifnya. Penting bagi Rick untuk beristirahat saat mencapai 15%, melakukan analisis pasar intensif, dan mempertanyakan dirinya sendiri dan tindakannya. Ide yang menarik adalah melanjutkan trading, tetapi menggunakan akun demo. Dengan demikian, Rick tetap aktif di pasar, tetapi tidak lagi mengambil risiko lebih lanjut.

Apa desain risiko keseluruhan untuk Anna?

Saya tetap dengan risiko keseluruhan 10% klasik. Saya suka komentar tentang diversifikasi dan saya akan memperhitungkannya dalam analisis saya. Dengan cara ini, saya menghindari risiko berinvestasi terlalu banyak di satu industri atau area. Saya akan melakukan analisis retrospektif setelah setiap perdagangan dan saya secara teratur mengamati pasar pada akhir pekan. Bagi saya, total risiko 10% lebih merupakan batas daripada jumlah kerugian berturut-turut. Setelah saya mencapai 10%, saya pasti akan istirahat untuk bulan perdagangan.

Saat Anna bergerak di chart mingguan sebagai trader posisi, dia memiliki fokus jangka panjang. Apakah dia berhenti berdagang setelah mencapai batas kerugian 10% atau setelah sejumlah kerugian berturut-turut, tentu saja, adalah keputusannya.

Akhirnya, mari kita lihat dari balik bahu Peter:

Itu yang panas. Saya pikir jika saya harus mengakui kepada keluarga saya bahwa saya baru saja kehilangan $ 1.500, itu akan sulit bagi saya. Saya lebih cenderung menarik ripcord untuk saya. Bagi saya, bulan perdagangan pasti berakhir setelah kerugian keseluruhan 5%. Saya juga harus mengatasi kerugian $750 pertama-tama sendirian. Saya tidak ingin itu terjadi. Sebenarnya, saya sudah punya firasat buruk setelah empat kekalahan berturut-turut. Kemudian saya harus duduk dan menganalisis strategi dan pasar saya. Saya melakukan hal yang sama dengan akun demo, jadi saya bisa langsung melihat kapan ide trading saya dan pasar cocok lagi saat tetap dalam pelatihan.

Peter bersikap defensif dan memperhatikan zona kenyamanan finansial dan mental pribadinya. Ini memastikan bahwa dia tetap stabil secara emosional, percaya diri dalam membuat keputusan, dan mampu bertindak.

Kami dapat menyelesaikan ikhtisar tabel kami:

	Rick	Anna	Peter
Overall risk in percentage	15%	10%	5%
Overall risk in US Dollar	$750	$2.500	$750

Gambar 8: Sekilas tentang risiko pedagang kami Peter, Anna dan Rick

Kami sekarang telah membahas batasan kerugian dan minimalisasi risiko secara rinci. Menjadi jelas bahwa dalam perdagangan, Anda harus melindungi terhadap risiko individu dari suatu posisi dalam hal apa pun, tetapi Anda juga harus berhati-hati dengan risiko keseluruhan.

Sejauh ini, ini adalah ide dan konsep yang agak abstrak. Sekarang mari kita melangkah lebih jauh dan melihat metode dan kemungkinan yang mendukung Anda dalam merancang manajemen risiko Anda secara profesional.

Mereka selalu turun: Bagaimana melindungi posisi Anda dari kerugian!

Manajemen risiko berarti membatasi kerugian. Mudah-mudahan, Anda sekarang telah menginternalisasi prinsip ini dan itu akan membantu Anda dalam perdagangan untuk melindungi dan mempertahankan basis keuangan Anda. Namun, prinsip ini saja hanya akan membantu Anda sampai batas tertentu. Karena apa yang sekarang Anda ketahui adalah bahwa Anda hanya membatasi risiko Anda sejauh Anda harus keluar dari posisi Anda di beberapa titik. Tapi itu belum terdengar seperti rencana. Pada langkah selanjutnya, kami ingin menentukan kapan titik tercapai di mana tidak masuk akal untuk mempertahankan posisi Anda lebih lama lagi dan Anda harus mengakhiri perdagangan Anda.

Untuk tujuan ini, penting untuk dicatat bahwa perdagangan didasarkan pada probabilitas. Karena kita tidak dapat memprediksi masa depan—kita sudah sampai sejauh ini dalam pertimbangan kita—kita pasti harus mengarahkan diri kita sendiri dengan probabilitas. Saat menganalisis saham atau pasar, semuanya pada akhirnya bermuara pada satu pertanyaan: Ke arah mana saham atau pasar akan bergerak selanjutnya dengan probabilitas terbesar? Itulah intinya. Ada sejumlah metode analisis untuk ini, yang terletak di antara seni, sains, dan esoterisme. Kesamaan mereka semua adalah tujuan untuk dapat membuat pernyataan tentang kemungkinan pasar bergerak selanjutnya dalam satu arah atau yang lain. Ini jelas sangat kabur, tentu saja, dan itulah mengapa Anda mempraktikkan manajemen risiko yang ketat—yaitu, untuk membatasi kerugian jika pasar mengambil arah yang salah untuk Anda, bertentangan dengan asumsi probabilitas yang lebih besar.

Sekarang, ketika merencanakan perdagangan, pertanyaan berikutnya sudah muncul: Pada titik mana kemungkinan besar saham atau pasar Anda tidak akan mengambil arah yang Anda inginkan?

Saat mempertimbangkan apakah akan melakukan perdagangan, karena itu Anda harus membuat keputusan berdasarkan probabilitas daripada fakta. Jika Anda kemudian memutuskan untuk masuk ke pasar, Anda membuat keputusan di bawah ketidakpastian pada saat yang sama. Ketidakpastian di sini terletak pada tidak mengetahui apakah perdagangan akan menjadi pemenang atau pecundang. Anda tidak bisa tahu. Anda harus puas dengan kemungkinannya. Tetapi apakah ini juga benar, Anda masih belum tahu.

Adalah tugas Anda sebagai trader profesional untuk mengubah ketidakpastian yang ada dalam trading menjadi kepastian dalam perencanaan Anda. Kepastian ini terletak pada mengetahui bahwa Anda menang atau kalah. Anda dapat mengasumsikan ini tanpa keraguan sedikit pun sebelumnya. Kita dapat menentukan lebih lanjut kepastian ini. Apa yang sudah Anda katakan dengan pasti melalui persiapan Anda?

Anda sudah tahu ketika Anda membuka perdagangan apa yang paling bisa Anda hilangkan dalam keadaan normal. Anda telah menentukan jumlah ini. Jumlah ini pasti untuk Anda.

Sekarang yang harus Anda lakukan adalah memasukkan pertimbangan ini ke dalam perencanaan Anda dengan menyatukan semuanya:

1. Anda merencanakan perdagangan berdasarkan probabilitas. Oleh karena itu, pasti ada titik di mana probabilitas

bahwa ide Anda akan berhasil tidak lagi diberikan—yaitu, nol.

2. Pada titik ini, Anda tahu kerugian maksimum Anda, yang merupakan risiko tetap Anda per perdagangan.

Poin ini adalah stop loss awal Anda, yang Anda tetapkan saat merencanakan posisi dan dimasukkan ke pasar setelah membuka perdagangan. Ini adalah titik di mana Anda menyadari kerugian Anda dan perdagangan ditutup tanpa ragu-ragu.

Ada beberapa cara untuk menentukan stop loss. Investor jangka panjang khususnya sering mengatakan bahwa mereka tidak ingin menentukan hal ini dengan tepat pada harga, tetapi lebih pada fundamental. Ini berbahaya karena pasar mungkin sudah jatuh kuat pada titik di mana fundamental telah berubah secara signifikan. Kami sudah membicarakan ini.

Lalu ada trader yang menetapkan persentase stop. Misalnya, mereka berkata, Setelah kerugian 5%, saya akan keluar dari saham! Ini, tentu saja, sangat umum dan dapat menjadi koreksi, yang tidak selalu membahayakan ide asli dan tidak mempertanyakan kemungkinan keberhasilan. Akan sangat disayangkan jika Anda harus keluar dari posisi di tengah koreksi. Hal yang sama berlaku jika Anda mengambil stop loss absolut dalam bentuk jumlah uang tetap, bukan persentase stop loss. Pendekatan menyeluruh seperti itu belum terbukti dalam praktiknya dan juga secara teratur mengarah pada hasil yang kurang optimal.

Dalam prakteknya, di sisi lain, berhenti sesuai dengan kriteria grafik telah terbukti efektif. Prosedur ini memiliki keuntungan bahwa tidak hanya masuk tetapi juga keluar dapat ditentukan sesuai dengan kriteria grafik. Silakan ambil kesempatan ini untuk mengambil grafik apa pun yang Anda suka. Apa yang kamu lihat?

Anda akan menemukan bahwa harga bergerak dalam ayunan reguler. Ia berjalan ke satu arah, lalu lagi ke arah lain, hanya untuk berlari ke arah semula lagi di ayunan berikutnya. Jika dengan cara ini harga tertinggi baru secara teratur dibuat, diikuti oleh kenaikan harga terendah, kita berbicara tentang tren naik. Di sisi lain, kita berbicara tentang tren turun ketika posisi terendah baru terus-menerus dicapai dengan ayunan, diikuti oleh tertinggi yang lebih rendah. Gambar 9 dan 10 menunjukkan gerakan ayunan ini dalam model:

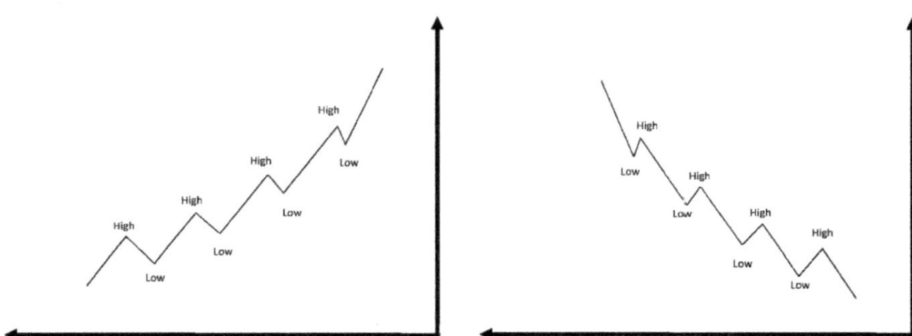

Gambar 9 dan 10: Tren naik dengan nilai tertinggi lebih tinggi dan posisi terendah lebih tinggi dan tren turun dengan nilai tertinggi lebih rendah dan posisi terendah lebih rendah.

Sampai saat ini, kami selalu berasumsi bahwa Anda, sebagai pembeli, berdagang dalam tren naik. Tentu saja, Anda juga dapat berdagang ke arah lain—yaitu, sebagai penjual dalam tren turun. Untuk apa yang telah dikatakan, ini pada akhirnya berarti hal yang sama dengan tanda yang berbeda. Agar tidak memperumit hal-hal yang tidak perlu, kami ingin mempertahankan asumsi awal ini di masa depan.

Analisis grafik sangat berguna untuk menentukan arah mana harga kemungkinan besar akan bergerak dalam pergerakan selanjutnya. Anda kemudian dapat menggunakan grafik untuk menentukan titik di mana tidak mungkin harga akan bergerak ke arah tertentu.

Untuk tren naik, misalnya, kita dapat mengatakan bahwa kemungkinan tren berlanjut mendekati nol pada saat harga telah menembus titik terendah terakhir ke bawah. Urutan naiknya poin tinggi dan naiknya poin rendah dengan demikian secara efektif telah berakhir. Di sini Anda dapat menempatkan stop loss Anda.

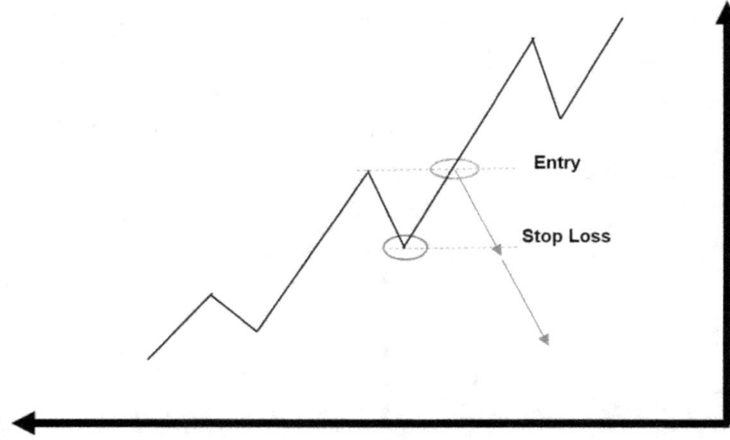

Gambar 11: Entry dan stop loss dalam model. Stop loss diatur di mana probabilitas bahwa ide perdagangan akan tetap berhasil tidak lagi diberikan. Ketika harga terendah terakhir ditembus, urutan kenaikan tertinggi dan terendah naik berakhir dan tren setidaknya terancam..

Seperti apa penempatan stop loss dalam praktiknya? Untuk ini kita lihat di Dow Jones Industrial Index:

Gambar 12: INDEKS INDUSTRI DOW JONES, grafik harian (satu lilin = satu hari). Dow Jones telah jatuh kembali ke titik 1 dan kemudian pulih ke zona resistance di titik 2, di mana indeks mengoreksi ke titik 3 dan kemudian naik lebih lanjut. Tren naik baru telah terbentuk setelah penembusan. Sumber:www. tradingview.com

Sebagian besar pedagang ingin memasuki tren baru secepat mungkin. Setelah menandai titik terendah di titik 1, Indeks Industri Dow Jones naik ke level resistance di titik 2. Seperti yang diharapkan, indeks turun lagi dari sana. Untuk melanjutkan tren turun, indeks harus menembus titik 1. Tapi tidak. Sebaliknya, koreksi berhenti di titik 3, membentuk titik terendah yang lebih tinggi dari titik 1. Jelas, pelaku pasar tidak ingin menjual posisinya pada titik ini dan tampaknya ada daya beli tambahan dari pelaku pasar lainnya. Pada titik 3, Dow Jones mulai bangkit kembali. Untuk masuk ke tren awal lebih awal, poin 2 adalah orientasi yang baik. Titik masuk yang baik adalah persimpangan tertinggi terakhir di titik 2 dan penembusan resistensi secara simultan.

Dengan ini, kita pasti sudah menentukan titik awalnya.

Selanjutnya, kita perlu menentukan pada titik mana dalam grafik tidak lagi masuk akal untuk berspekulasi tentang kenaikan harga lebih lanjut. Ini adalah titik 3 pada grafik Dow Jones, dan jika indeks jatuh di bawah titik ini, indeks akan menandai titik terendah baru di bawah titik terendah sebelumnya. Titik ini membentuk stop loss kami. Jika titik ini undershot, kami akan keluar dari posisi kami untuk menghindari kerugian besar.

Sekarang Anda tahu kapan harus memasuki posisi dan Anda juga tahu kapan stop loss Anda akan berlaku dan Anda bisa keluar dari pasar lagi. Karena dalam praktiknya, sayangnya sering ada perbedaan antara mengetahui dan melakukan, rekomendasi yang mendesak bagi Anda adalah menempatkan stop loss di pasar segera setelah membuka posisi. Ini bukan tantangan dengan platform perdagangan saat ini dan sebenarnya sudah bisa dilakukan dengan entry order. Ini memiliki dua keuntungan bagi Anda: Anda merasa lega secara mental dan juga sementara, sehingga Anda tidak perlu duduk di depan PC sepanjang hari dan Anda tidak mengambil risiko ragu-ragu atau ingin menafsirkan ulang grafik di momen aksi.

Dalam menangani stop loss, penting untuk dicatat bahwa dalam situasi apa pun mereka tidak boleh dikeluarkan dari pasar atau dialihkan ke kerugian Anda. Stop loss berfungsi sebagai batasan kerugian pribadi Anda dan melindungi Anda dari kerugian yang tidak direncanakan. Bahkan jika—dan ini terjadi secara teratur—Anda begitu sedih dihentikan sehingga Anda meninggalkan pasar tepat pada titik terendah, itu masih lebih baik daripada tidak bahagia ketika pasar runtuh. Anda dapat menemukan entri baru kapan saja. Sebuah awal yang baru, di sisi lain, tidak mungkin.

Dengan demikian, kami telah membahas hampir semua komponen yang Anda butuhkan untuk perencanaan profesional perdagangan di bawah aspek risiko. Sekarang mari kita rangkum pertimbangan individu yang telah kita siapkan dan gunakan untuk menentukan berapa banyak modal yang Anda inginkan, dapat, atau mungkin gunakan untuk perdagangan.

Semuanya dalam satu kartu? Inilah cara Anda menentukan ukuran posisi optimal Anda!

Selain menentukan risiko yang akan diambil, menentukan ukuran posisi yang optimal merupakan salah satu elemen terpenting dari manajemen risiko.

Sayangnya, banyak pedagang tidak menyadari hal ini dan mengambil posisi terlalu besar dalam kaitannya dengan akun perdagangan mereka. Anda tanpa sadar mengambil risiko yang lebih besar dari yang Anda rencanakan. Untuk alasan ini, penentuan profesional ukuran posisi yang optimal adalah faktor penentu dalam manajemen risiko dan pada saat yang sama, adalah penghubung antara risiko yang kami rencanakan dan stop loss.

Anda mungkin berpikir: Tunggu sebentar; dengan risiko, saya sudah mengatur semuanya dan dengan stop loss saya tahu kapan saya akan keluar dari perdagangan. Apa-apaan ini sekarang?! Bahkan, pertimbangan inilah yang membedakan trader sukses dari yang lain. Lagi pula, dengan sistem, strategi, dan kondisi yang sama, ukuran posisilah yang menentukan apakah angka hijau atau merah muncul di akhir laporan perdagangan Anda. Oleh karena itu, mari kita bandingkan berbagai cara menentukan ukuran posisi untuk menemukan yang terbaik untuk Anda.

Ada beberapa kemungkinan untuk menentukan ukuran posisi yang optimal. Yang paling sederhana adalah, tentu saja, untuk meletakkan semuanya dalam satu kartu dan mengisi akun perdagangan sepenuhnya dengan satu saham. Kami telah membahas beberapa alasan mengapa ini biasanya bukan ide yang baik.

Cara lain untuk membuat hidup pedagang menjadi mudah adalah dengan selalu membeli jumlah unit saham yang sama. Apalagi jika Anda hanya berdagang di beberapa pasar secara teratur, kebiasaan ini akan menjalar dengan cepat. Misalnya, jika Anda berdagang valas, ini berarti Anda selalu berdagang 50.000 EUR melawan 50.000 USD. Anda bahkan mungkin telah menetapkan jumlah ini di platform perdagangan Anda dan, terlepas dari pertimbangan Anda sebelumnya, Anda akan selalu memperdagangkan jumlah ini. Atau Anda dapat memperdagangkan XY-Inc secara eksklusif. saham dan selalu bergerak 100 saham di pasar. Ticak peduli berapa harga sahamnya, selalu ada 100 saham.

Mari kita lihat contohnya. Kami tetap dengan akun perdagangan kami yang diterima sebesar $10.000. Sebagai risiko, kami tidak ingin melebihi 1% dari akun perdagangan kami. Stop loss ditentukan oleh kami dari sudut pandang teknis dan tetap di pasar sampai dipicu atau kami menjual dengan untung. Kami ingin memudahkan diri kami sendiri dan selalu membeli 10 saham XY-Inc. Itu entah bagaimana seharusnya dimungkinkan dengan manajemen risiko kami. Kami melakukan sepuluh perdagangan dan dapat melihat kembali lima pemenang dan lima pecundang sesudahnya.

Hasilnya ditunjukkan pada tabel berikut:

Pos	Entry	Stop loss	Points until stop loss	Shares	Risk	Positionsize	Exit	Points	Sum	Account
										$10,000.00
1	100	85	15	10	$150.00	$1,000.00	85	-15	-$150.00	$9,850.00
2	110	100	10	10	$100.00	$1,100.00	125	15	$150.00	$10,000.00
3	140	120	20	10	$200.00	$1,400.00	120	-20	-$200.00	$9,800.00
4	120	105	15	10	$150.00	$1,200.00	105	-15	-$150.00	$9,650.00
5	135	115	20	10	$200.00	$1,350.00	165	30	$300.00	$9,950.00
6	160	145	15	10	$150.00	$1,600.00	185	25	$250.00	$10,200.00
7	185	175	10	10	$100.00	$1,850.00	175	-10	-$100.00	$10,100.00
8	185	170	15	10	$150.00	$1,850.00	205	20	$200.00	$10,300.00
9	95	90	5	10	$50.00	$950.00	103	8	$80.00	$10,380.00
10	110	100	10	10	$100.00	$1,100.00	100	-10	-$100.00	$10,280.00
										$10,280.00

Gambar 13: Hasil dari 10 perdagangan berturut-turut, alokasi pemenang dan pecundang yang sewenang-wenang. Jumlah saham yang diperdagangkan selalu tetap.

Kita dapat melihat pada Gambar 13 bahwa kita telah mencapai hasil keseluruhan yang positif. Ini adalah kabar baik yang datang dengan TAPI besar. Karena jika kita masuk ke detailnya, bahaya dari pendekatan selimut ini terungkap. Kami berasumsi bahwa kami akan terus membeli 10 saham XY-Inc. dan menentukan stop loss sesuai dengan kriteria teknis. Ini menghasilkan titik stop-loss, yang bisa lebih jauh dari entri, tetapi juga lebih dekat. Oleh karena itu, risiko bervariasi terkadang mendekati harapan kita dan terkadang tidak. Jadi, ada posisi di mana kita mengambil setengah dari risiko yang kita rencanakan dan ada posisi yang kemudian digandakan lagi.

Ini tidak bisa optimal dan tentu saja tidak. Ini menjadi sangat jelas ketika kita hanya memiliki empat pemenang, bukan lima.

Mari kita asumsikan, misalnya, bahwa perdagangan nomor delapan bukanlah pemenang, tetapi pecundang. Seperti apa hasilnya nanti?

Pos	Entry	Stop loss	Points until stop loss	Shares	Risk	Positionsize	Exit	Points	Sum	Account
										$10,000.00
1	100	85	15	10	$150.00	$1,000.00	85	-15	-$150.00	$9,850.00
2	110	100	10	10	$100.00	$1,100.00	125	15	$150.00	$10,000.00
3	140	120	20	10	$200.00	$1,400.00	120	-20	-$200.00	$9,800.00
4	120	105	15	10	$150.00	$1,200.00	105	-15	-$150.00	$9,650.00
5	135	115	20	10	$200.00	$1,350.00	165	30	$300.00	$9,950.00
6	160	145	15	10	$150.00	$1,600.00	185	25	$250.00	$10,200.00
7	185	175	10	10	$100.00	$1,850.00	175	-10	-$100.00	$10,100.00
8	185	170	15	10	$150.00	$1,850.00	170	-15	-$150.00	$9,950.00
9	95	90	5	10	$50.00	$950.00	103	8	$80.00	$10,030.00
10	110	100	10	10	$100.00	$1,100.00	100	10	-$100.00	$9,930.00
										$9,930.00

Gambar 14: Hasil memburuk secara signifikan jika perdagangan nomor delapan menjadi perdagangan yang kalah alih-alih perdagangan yang menang.

Jika kita mengambil salah satu pemenang yang lebih besar dari hasilnya dan mengubahnya menjadi pecundang, tangan berubah. Itu tidak mengherankan. Kami tidak hanya kekurangan untung di sini, kami juga rugi. Selain itu, kami berakhir dengan kerugian keseluruhan dan harus mengeluh tentang nilai portofolio yang negatif.

Seperti apa hasilnya jika kita mencapai hasil netral alih-alih kerugian dengan perdagangan nomor delapan—yaitu, membubarkan posisi „titik impas"?

Pos	Entry	Stop loss	Points until stop loss	Shares	Risk	Positionsize	Exit	Points	Sum	Account
										$10,000.00
1	100	85	15	10	$150.00	$1,000.00	85	-15	-$150.00	$9,850.00
2	110	100	10	10	$100.00	$1,100.00	125	15	$150.00	$10,000.00
3	140	120	20	10	$200.00	$1,400.00	120	-20	-$200.00	$9,800.00
4	120	105	15	10	$150.00	$1,200.00	105	-15	-$150.00	$9,650.00
5	135	115	20	10	$200.00	$1,350.00	165	30	$300.00	$9,950.00
6	160	145	15	10	$150.00	$1,600.00	185	25	$250.00	$10,200.00
7	185	175	10	10	$100.00	$1,850.00	175	-10	-$100.00	$10,100.00
8	185	170	15	10	$150.00	$1,850.00	185	0	$0.00	$10,100.00
9	95	90	5	10	$50.00	$950.00	103	8	$80.00	$10,180.00
10	110	100	10	10	$100.00	$1,100.00	100	-10	-$100.00	$10,080.00
										$10,080.00

Gambar 15: Dengan hasil netral untuk perdagangan nomor delapan, setidaknya kami akan kembali ke profitabilitas.

Alih-alih mengambil kerugian, kita mungkin keluar dari perdagangan dengan nol. Banyak pedagang melakukan ini ketika keuntungan sudah dibukukan, tetapi pasar tiba-tiba kehilangan momentum sebelum keuntungan dapat dilindungi. Dalam situasi ini banyak pedagang mencari jalan keluar sebelum mantan pemenang potensial menjadi pecundang sejati.

Kami melihat bahwa hasilnya agak sederhana. Tentu saja, pembagian pemenang dan pecundang murni sewenang-wenang. Tapi itulah yang kita alami setiap hari dalam trading. Dan Anda harus mendapatkan yang terbaik dari kondisi sewenang-wenang ini!

Secara keseluruhan, strategi kuantitas tetap dapat menguntungkan selama kami menghasilkan pemenang di sebagian besar kasus. Namun, begitu kita mengalami kerugian secara mayoritas, strategi ini dapat dengan cepat menghasilkan kerugian yang tidak proporsional. Ini terutama karena fakta bahwa risiko per posisi bervariasi. Akibatnya, kami lebih dekat dengan perjudian daripada perdagangan profesional dengan pendekatan ini. Bahaya khusus dengan pendekatan ini adalah bahwa kita harus mengambil risiko terlalu tinggi jika stop loss terlalu jauh. Kerugian yang terkait dengan ini kemudian dapat dengan cepat menempatkan kita dalam keadaan gagal. Hal lain yang harus dikritik sehubungan dengan jumlah unit yang tetap adalah kurangnya fleksibilitas sehubungan dengan perubahan dalam akun perdagangan.

Jadi, kita tahu bahwa jumlah potongan yang tetap menghasilkan hasil yang agak moderat. Mungkin akan lebih baik jika kita memvariasikan jumlah buah dan sebaliknya selalu membeli judul kita dengan jumlah yang sama, sehingga kita selalu memilih ukuran posisi yang sama. Risiko dengan demikian secara efektif terbatas pada jumlah yang diinvestasikan.

Mari kita asumsikan lagi sebagai contoh bahwa kita selalu menempatkan 10% dari akun perdagangan kita sebesar $10.000 ke dalam satu posisi. Jadi, kami selalu membeli saham XY-Inc. dengan nilai $1.000. Namun, karena tidak ada setengah bagian, kami membulatkan ke bawah.

Bagaimana hasilnya dengan ukuran posisi yang kurang lebih sama?

Pos	Entry	Stop loss	Points until stop loss	Shares	Risk	Positionsize	Exit	Points	Sum	Account
										$10,000.00
1	100	85	15	10	$150.00	$1,000.00	85	-15	-$150.00	$9,850.00
2	110	100	10	9	$90.00	$990.00	125	15	$135.00	$9,985.00
3	140	120	20	7	$140.00	$980.00	120	-20	-$140.00	$9,845.00
4	120	105	15	8	$120.00	$960.00	105	-15	-$120.00	$9,725.00
5	135	115	20	7	$140.00	$945.00	165	30	$210.00	$9,935.00
6	160	145	15	6	$90.00	$960.00	185	25	$150.00	$10,085.00
7	185	175	10	5	$50.00	$925.00	175	-10	-$50.00	$10,035.00
8	185	170	15	5	$75.00	$925.00	205	20	$100.00	$10,135.00
9	95	90	5	10	$50.00	$950.00	103	3	$80.00	$10,215.00
10	110	100	10	9	$90.00	$990.00	100	-10	-$90.00	$10,125.00
										$10,125.00

Gambar 16: Setelah 10 perdagangan berturut-turut dan 5 pemenang dan 5 pecundang, kami juga mendapatkan hasil positif di sini.

Kami membiarkan entri, stop loss, dan exit tidak berubah dan hanya memperbaiki ukuran posisi. Ukuran posisi kemudian mengubah tidak hanya jumlah saham yang dibeli, tetapi juga risiko terkait per posisi. Juga, di sini kita secara teratur di atas dan di bawah nilai yang kita inginkan dari 1%. Akibatnya, kami mengambil risiko tinggi yang tidak proporsional di satu sisi dan memanfaatkan peluang kami secara tidak proporsional di sisi lain. Kita dapat melihat bahwa hasil keseluruhan tetap di bawah jumlah unit yang tetap, yang sebagian disebabkan oleh pengurangan jumlah unit per perdagangan.

Seperti apa hasilnya jika kita menyatakan perdagangan nomor delapan sebagai pecundang di sini juga?

Pos	Entry	Stop loss	Points until stop loss	Shares	Risk	Positionsize	Exit	Points	Sum	Account
										$10,000.00
1	100	85	15	10	$150.00	$1,000.00	85	-15	-$150.00	$9,850.00
2	110	100	10	9	$90.00	$990.00	125	15	$135.00	$9,985.00
3	140	120	20	7	$140.00	$980.00	120	-20	-$140.00	$9,845.00
4	120	105	15	8	$120.00	$960.00	105	-15	-$120.00	$9,725.00
5	135	115	20	7	$140.00	$945.00	165	30	$210.00	$9,935.00
6	160	145	15	6	$90.00	$960.00	185	25	$150.00	$10,085.00
7	185	175	10	5	$50.00	$925.00	175	-10	-$50.00	$10,035.00
8	185	170	15	5	$75.00	$925.00	170	-15	-$75.00	$9,960.00
9	95	90	5	10	$50.00	$950.00	103	8	$80.00	$10,040.00
10	110	100	10	9	$90.00	$990.00	100	-10	-$90.00	$9,950.00
										$9,950.00

Gambar 17: Dengan perdagangan nomor delapan di pihak yang kalah, hasil keseluruhannya juga negatif.

Hasil keseluruhan hanya sedikit lebih baik dari jumlah tetap, tapi kami masih membuat kerugian dengan akun perdagangan kami. Di sini juga, kami berada di belakang kemungkinan yang ditawarkan oleh ukuran posisi yang optimal.

Akhirnya, kita dapat melihat apa hasil keseluruhannya jika kita keluar dari nol dengan perdagangan nomor delapan.

Pos	Entry	Stop loss	Points until stop loss	Shares	Risk	Positionsize	Exit	Points	Sum	Account
										$10,000.00
1	100	85	15	10	$150.00	$1,000.00	85	-15	-$150.00	$9,850.00
2	110	100	10	9	$90.00	$990.00	125	15	$135.00	$9,985.00
3	140	120	20	7	$140.00	$980.00	120	-20	-$140.00	$9,845.00
4	120	105	15	8	$120.00	$960.00	105	-15	-$120.00	$9,725.00
5	135	115	20	7	$140.00	$945.00	165	30	$210.00	$9,935.00
6	160	145	15	6	$90.00	$960.00	185	25	$150.00	$10,085.00
7	185	175	10	5	$50.00	$925.00	175	-10	-$50.00	$10,035.00
8	185	170	15	5	$75.00	$925.00	185	0	$0.00	$10,035.00
9	95	90	5	10	$50.00	$950.00	103	8	$80.00	$10,115.00
10	110	100	10	9	$90.00	$990.00	100	-10	-$90.00	$10,025.00
										$10,025.00

Gambar 18: Bahkan dengan ukuran posisi tetap, perdagangan impas membawa hasil keseluruhan yang positif.

Dengan perdagangan impas, hasil keseluruhannya positif, tetapi tidak ada peningkatan nilai yang nyata.

Untungnya, kami memiliki cara ketiga untuk menentukan ukuran posisi yang optimal. Di mana kami mempertahankan jumlah bidak dalam upaya pertama dan ukuran posisi konstan pada upaya kedua, kami mencoba gagasan untuk menjaga risiko tetap konstan pada upaya ketiga. Mungkin ini akan membawa kita hasil yang lebih baik.

Jadi, mari kita asumsikan lagi bahwa kita ingin mengambil risiko tepat 1% per perdagangan berdasarkan akun perdagangan $10.000 kita. Itu adalah risiko $100, yang kami terima per posisi. Seperti apa hasilnya di bawah parameter yang tidak berubah?

Pos	Entry	Stop loss	Points until stop loss	Shares	Risk	Positionsize	Exit	Points	Sum	Account
										$10,000.00
1	100	85	15	6	$90.00	$600.00	85	-15.00	-$90.00	$9,910.00
2	110	100	10	10	$100.00	$1,100.00	125	15.00	$150.00	$10,060.00
3	140	120	20	5	$100.00	$700.00	120	-20.00	-$100.00	$9,960.00
4	120	105	15	6	$90.00	$720.00	105	-15.00	-$90.00	$9,870.00
5	135	115	20	5	$100.00	$675.00	165	30.00	$150.00	$10,020.00
6	160	145	15	6	$90.00	$960.00	185	25.00	$150.00	$10,170.00
7	185	175	10	10	$100.00	$1,850.00	175	-10.00	-$100.00	$10,070.00
8	185	170	15	6	$90.00	$1,110.00	205	20.00	$120.00	$10,190.00
9	95	90	5	20	$100.00	$1,900.00	103	8.00	$160.00	$10,350.00
10	110	100	10	10	$100.00	$1,100.00	100	-10.00	-$100.00	$10,250.00
										$10,250.00

Gambar 19: Varian "risiko tetap" juga menghasilkan hasil keseluruhan yang positif.

Di sini juga, kita melihat hasil positif, yang dengan sendirinya tidak terlalu buruk. Mari kita membaca yang tersirat. Dalam keadaan apa hasil ini terjadi? Kami telah menjaga risiko posisi kami hampir konstan di setiap perdagangan individu. Karena tidak ada setengah saham, kami sekali lagi dipaksa untuk membulatkan dan mengurangi risiko kami. Sebagai akibat dari risiko yang konstan, baik jumlah unit maupun ukuran posisi masing-masing berbeda-beda.

Dengan memperbaiki risiko, kami mendapatkan apa yang kami butuhkan untuk perdagangan kami. Jumlah potongan yang tinggi saat stop loss dekat dengan entri dan jumlah potongan yang rendah saat stop loss lebih jauh. Karena risikonya selalu tetap sama, dengan demikian kami mempertahankan peluang untuk mendapatkan keuntungan yang tinggi melalui jumlah saham yang bervariasi.

Seperti apa hasilnya sekarang jika kita mengubah perdagangan kedelapan menjadi pecundang lagi?

Pos	Entry	Stop loss	Points until stop loss	Shares	Risk	Positionsize	Exit	Points	Sum	Account
										$10,000.00
1	100	85	15	6	$90.00	$600.00	85	-15.00	-$90.00	$9,910.00
2	110	100	10	10	$100.00	$1,100.00	125	15.00	$150.00	$10,060.00
3	140	120	20	5	$100.00	$700.00	120	-20.00	-$100.00	$9,960.00
4	120	105	15	6	$90.00	$720.00	105	-15.00	-$90.00	$9,870.00
5	135	115	20	5	$100.00	$675.00	165	30.00	$150.00	$10,020.00
6	160	145	15	6	$90.00	$960.00	185	25.00	$150.00	$10,170.00
7	185	175	10	10	$100.00	$1,850.00	175	-10.00	-$100.00	$10,070.00
8	185	170	15	6	$90.00	$1,110.00	170	-15.00	-$90.00	$9,980.00
9	95	90	5	20	$100.00	$1,900.00	103	8.00	$160.00	$10,140.00
10	110	100	10	10	$100.00	$1,100.00	100	-10.00	-$100.00	$10,040.00
										$10,040.00

Gambar 20: Sekali lagi, perdagangan kedelapan adalah pecundang, tetapi hasil keseluruhan tetap positif!

Ini dia; sekarang terbayar untuk menjaga risiko konstan. Maka tidak masalah apakah stop loss lebih jauh atau lebih dekat ke titik masuk. Dan itulah mengapa dengan pengelolaan uang yang baik—bersabarlah sampai saat itu—hasil positif dapat dicapai bahkan jika keberhasilan kita kurang dari 50%. Dalam hal ini kami bahkan mencapai hasil keseluruhan yang positif dengan tingkat keberhasilan hanya 40%!

Akhirnya, mari kita lihat hasil yang terjadi ketika perdagangan nomor delapan adalah perdagangan impas.

Pos	Entry	Stop loss	Points until stop loss	Shares	Risk	Positionsize	Exit	Points	Sum	Account
										$10,000.00
1	100	85	15	6	$90.00	$600.00	85	-15.00	-$90.00	$9,910.00
2	110	100	10	10	$100.00	$1,100.00	125	15.00	$150.00	$10,060.00
3	140	120	20	5	$100.00	$700.00	120	-20.00	-$100.00	$9,960.00
4	120	105	15	6	$90.00	$720.00	105	-15.00	-$90.00	$9,870.00
5	135	115	20	5	$100.00	$675.00	165	30.00	$150.00	$10,020.00
6	160	145	15	6	$90.00	$960.00	185	25.00	$150.00	$10,170.00
7	185	175	10	10	$100.00	$1,850.00	175	-10.00	-$100.00	$10,070.00
8	185	170	15	6	$90.00	$1,110.00	185	0.00	$0.00	$10,070.00
9	95	90	5	20	$100.00	$1,900.00	103	3.00	$160.00	$10,230.00
10	110	100	10	10	$100.00	$1,100.00	100	-10.00	-$100.00	$10,130.00
										$10,130.00

Gambar 21: Seperti yang diharapkan, hasil keseluruhan positif bahkan dengan perdagangan impas.

Tentu saja, hasilnya tetap positif sekarang, seperti pada dua versi analisis sebelumnya.

Kita masih bisa memperdalam gagasan tentang risiko tetap. Dalam varian kami, kami praktis telah membekukan risiko pada jumlah awal akun perdagangan kami. Dalam ukuran akun tertentu, ini sangat masuk akal, karena seluk-beluk kecil dalam kisaran sen tidak dapat direproduksi, terutama dengan saham, karena kurangnya kemampuan untuk mendenominasikan saham. Tentu saja, situasinya berbeda seiring dengan bertambahnya akun. Maka disarankan untuk tidak memilih ukuran akun asli sebagai titik referensi, tetapi selalu yang sekarang. Ini semakin memperkuat keuntungan dari risiko konstan, itulah sebabnya kami lebih suka berbicara tentang „risiko persentase tetap“.

Kami telah memperhatikan ketika menentukan risiko bahwa kami memiliki rem otomatis jika terjadi kerugian, karena dengan akun yang lebih kecil, jumlah absolut yang berisiko dan dengan demikian ukuran posisi menjadi lebih kecil. Satu-satunya hal yang tetap sama adalah persentase risiko.

Ini memungkinkan kami untuk tumbuh dengan cepat di saat-saat yang baik dengan beberapa keuntungan berturut-turut dan secara perlahan menyimpan akun kami di saat-saat yang buruk. Kami memiliki efek otomatis dari pedal rem dan akselerator ini baik dengan jumlah tetap maupun dengan ukuran posisi tetap. Ini juga menjadi alasan mengapa kedua varian ini secara teratur menghasilkan hasil yang kurang optimal. Kita akan melihat efek ini lagi di bab terakhir buku ini.

Jadi, manfaatkan metodologi risiko persentase tetap dan profesionalkan manajemen risiko Anda!

Bagaimana Rick, Anna, dan Peter mengambil temuan kami dan menerapkannya dalam praktik perdagangan mereka? Mari kita dengarkan apa yang dikatakan Rick:

Stop loss masuk akal bagi saya. Terutama karena saya memasuki pasar dalam perdagangan valas dengan tuas, penting bagi saya untuk membatasi risiko saya. Cara terbaik untuk melakukannya adalah melalui analisis teknis. Sebenarnya, saya selalu ingin memperdagangkan jumlah tetap $10.000, tetapi tentu saja, memperbaiki risiko lebih masuk akal. Untungnya, broker saya juga mengizinkan saya untuk memperdagangkan denominasi yang sangat kecil melalui lot mini dan mikro, sehingga saya selalu dapat bekerja dengan persentase risiko yang sama.

Dengan Rick, ada dua poin yang perlu kami jelaskan secara lebih rinci. Di satu sisi, Rick "hanya" memiliki $5.000 di akun perdagangannya tetapi memperdagangkan jumlah $10.000 atau lebih tinggi. Hal ini dimungkinkan oleh fakta bahwa perdagangan valas tidak dilakukan dalam rasio 1:1, tetapi "leveraged" dalam rasio 1:100 atau lebih tinggi. Ini secara teoritis memungkinkan Rick untuk berdagang 100 kali lipat dari sahamnya. Terutama jika Anda bertindak dengan cara leverage, manajemen risiko yang bijaksana adalah prioritas utama bagi Anda.

Di sisi lain, Rick berbicara tentang lot mini dan mikro. Banyak broker menawarkan denominasi kecil dan sangat kecil dalam perdagangan forex, yang memungkinkan untuk secara tepat mencocokkan manajemen risiko dan ukuran posisi. Ini memungkinkan Anda untuk bekerja secara profesional bahkan dengan akun yang relatif kecil.

Apa yang ada di pikiran Anna? Bagaimana dia mendekati penentuan ukuran posisi optimal?

Karena saya terutama ingin memperdagangkan saham atau ETF pada analisis grafik mingguan dalam jangka panjang, stop loss secara teratur akan jauh dari entri saya. Ini mungkin akan memungkinkan saya untuk membeli hanya beberapa lembar saham. Di sisi lain, ini juga memungkinkan saya untuk menempatkan beberapa saham dan perusahaan dalam portofolio saya, yang memberi saya spread yang lebih luas. Karena saya berdagang secara defensif, saya akan membulatkan ke bawah saat menentukan ukuran posisi saya.

Anna mengangkat poin menarik lainnya di sini. Dengan membeli ukuran posisi yang lebih kecil karena pemberhentian yang lebih jauh, dia memiliki kesempatan untuk menambahkan lebih banyak saham berbeda ke portofolionya dan dengan demikian meningkatkan peluang keuntungan. Tak perlu dikatakan bahwa dia kemudian harus memberi perhatian khusus pada risikonya secara keseluruhan.

Akhirnya, mari kita dengarkan Petrus. Apa pemikirannya?

Dengan saya itu relatif sederhana. Tentu saja, saya akan melakukan analisis teknis saya sesuai dengan semua aturan seni. Saya lebih suka menempatkan stop loss sedikit lebih jauh dari entri saya sehingga saya tidak berhenti dengan sedih. Bagaimanapun, saya ingin memberi pasar kesempatan untuk bernafas. Ini juga menentukan ukuran posisi saya, yang saya masukkan per posisi.

Ringkasan singkat dari fakta yang paling penting:

> Manajemen risiko membantu Anda menyingkirkan „pembunuh kinerja" tepat waktu dan mempertahankan basis keuangan Anda.

> Pada kenyataannya, jalan kembali menjadi tugas yang hampir tidak dapat diselesaikan ketika terjadi kerugian besar yang tidak proporsional. Dari kerugian 50%, keuntungan 100% harus dicapai untuk kembali ke titik awal.

> Agar selalu mampu bertindak, penting bagi Anda untuk menentukan jumlah risiko per posisi yang dapat ditanggung secara mental dan finansial untuk Anda. Jumlah ini ditentukan tergantung pada akun perdagangan Anda dan secara teratur bervariasi antara 1% dan 2% dari akun perdagangan Anda.

> Selain risiko individu, penting juga untuk menetapkan jumlah yang akan membatasi risiko Anda secara keseluruhan. Pada saat yang sama, Anda harus menyiapkan rencana yang menunjukkan apa yang harus dilakukan ketika jumlah ini tercapai.

> Untuk melindungi perdagangan Anda dari kerugian yang tidak proporsional, perlu untuk menetapkan titik di mana kemungkinan sukses tidak lagi diberikan. Poin ini adalah stop loss Anda.

> Dalam praktiknya, stop loss ditentukan melalui tanda grafik teknis dan idealnya dimasukkan ke pasar saat posisi dibuka.

> Ukuran posisi optimal dapat ditentukan melalui stop loss dan risiko yang diambil per perdagangan. Persentase risiko tetap tergantung pada akun perdagangan dan jumlah unit yang akan diperdagangkan sementara jumlah modal yang akan digunakan bervariasi dari satu posisi ke posisi lainnya.

BAB 3:
Pengelolaan Uang

Aturan perdagangan terkenal mengatakan: „Batasi kerugian Anda, biarkan keuntungan berjalan." Aturan yang bermaksud baik ini terutama diberikan kepada pendatang baru di pasar. Tetapi apakah benar-benar disarankan untuk selalu melanjutkan dengan cara ini?

Dalam prakteknya, dalam kasus ekstrim, kita harus membayangkan bahwa trader membuka posisi, menempatkan stop loss mereka di pasar dan kemudian membiarkan perdagangan berjalan. Mereka sering tidak memiliki tujuan konkret untuk perdagangan mereka. Kemenangan yang tersisa untuk kesempatan.

Bisakah kita benar-benar menyebut pendekatan seperti itu sebagai perdagangan profesional?

Tidak terbantahkan bahwa perdagangan membutuhkan „udara untuk bernafas" dan kebebasan bergerak setelah pembukaannya. Tetapi membiarkan perdagangan berjalan begitu saja?

Agar keuntungan berjalan dengan sukses, kita membutuhkan tren yang hanya membawa koreksi kecil. Tepat pada titik inilah teori bertemu dengan praktik: seberapa sering dan berapa lama kita memiliki tren seperti itu dibandingkan dengan gerakan menyamping terbatas ke atas dan ke bawah?

Untuk alasan ini, kita harus secara kritis memeriksa aturan perdagangan tradisional ini. Apa yang terjadi jika Anda mengikuti aturan ini di pasar sideways? Anda akan secara teratur mengembalikan keuntungan buku awal Anda saat pasar bergerak bolak-balik di antara batasnya.

Seringkali strategi ini menyerupai permainan peluang dan hasilnya tidak pasti. Ketika perdagangan berhasil dan keuntungan tinggi dihasilkan, kegembiraannya luar biasa. Di sisi lain, bagaimanapun, ada sejumlah besar perdagangan yang telah dihentikan di suatu tempat antara keuntungan kecil, impas, atau kerugian. Singkatnya, kita dapat dengan cepat mengatakan: „Tidak ada yang dilakukan kecuali untuk pengeluaran." Apa yang menyenangkan broker semakin menjengkelkan bagi trader yang berdedikasi.

Selain keuntungan yang belum direalisasi, ada poin lain. Bayangkan menginvestasikan waktu Anda dalam analisis teknis, mengidentifikasi saham yang menarik, dan membuka posisi sesuai dengan strategi Anda. Ide perdagangan Anda berhasil dan Anda melihat bagaimana keuntungan buku meningkat dengan mantap. Karena Anda ingin membiarkan keuntungan berjalan, Anda memberikan ruang perdagangan. Dan datanglah apa yang harus datang—momentumnya melemah, harga mulai turun, dan apa yang sebelumnya merupakan keuntungan buku yang terhormat meleleh bersama seperti mentega di bawah sinar matahari.

Bayangkan skenario ini tidak hanya sekali, tetapi dalam— katakanlah—sekitar sepertiga dari perdagangan yang Anda lakukan. Sekarang tanyakan pada dirimu sendiri:

> Seberapa besar Anda masih bisa mempercayai strategi trading Anda?

> Seberapa besar Anda dapat memercayai diri sendiri dan pekerjaan analitis Anda?

> Seberapa aman Anda ingin mempertahankan perdagangan?

> Dengan harapan apa Anda membuka perdagangan berikutnya?

Yang tersisa adalah frustrasi. Tentang waktu yang diinvestasikan, keuntungan yang hilang, dan emosi yang berubah. Tidak ada gunanya lagi jika sesekali perdagangan yang benar-benar bagus dengan keuntungan tinggi menemukan jalannya ke dalam statistik Anda. Frustrasi dengan banyak situasi di mana keuntungan sudah nyata dan telah menghilang menjadi ketiadaan akan terlalu besar untuk membangun kepercayaan yang stabil pada diri Anda dan strategi perdagangan Anda.

Pada akhirnya, pendekatan seperti itu akan membuat Anda terus-menerus berharap pemenang besar memberi kompensasi kepada Anda atas upaya banyak kegagalan kecil. Dalam konteks ini, dengan cepat dikatakan: „Jika saya telah bergabung dengan saham XY pada waktu itu, semuanya akan baik-baik saja sekarang ...“ Pertanyaan yang tak terhindarkan adalah: "Dan kapan tepatnya Anda ingin keluar dari pemenang besar ini?"

Satu poin terakhir melengkapi diskusi kritis kami. Di awal buku, Anda bertanya pada diri sendiri apa yang ingin Anda capai dengan trading Anda. Apakah kamu ingat? Bagus. Pada titik ini, mari kita asumsikan bahwa Anda ingin mendapatkan uang dengan perdagangan Anda.

Tanyakan pada diri sendiri, „Apakah Anda ingin membiarkan ini terjadi secara kebetulan atau mencapainya dengan keuntungan terus-menerus?“

Pada titik ini, kami meninggalkan manajemen risiko dan mengambil langkah pertama menuju pengelolaan uang profesional dengan mempertimbangkan target laba yang konkret dan pencapaian target.

Dari manajemen risiko hingga pengelolaan uang: Apa hubungan pembatasan risiko dengan penentuan keuntungan?

Sebagai bagian dari proses pembatasan risiko kami, kami telah menentukan bahwa perdagangan didasarkan pada probabilitas dan memasukkan stop loss kami pada titik di grafik di mana kemungkinan ide perdagangan kami berhasil tidak ada lagi. Dengan menghentikan kerugian yang tidak proporsional dan mengorientasikan diri kita pada probabilitas, kita telah dapat memperoleh keamanan untuk implementasi keputusan perdagangan kita.

Dalam hal keuntungan, kita menghadapi situasi yang sama. Membiarkan keuntungan saja berarti, pada gilirannya, memasuki ketidakpastian. Kami telah menetapkan bahwa Anda tidak dapat memprediksi masa depan. Sama seperti Anda tidak tahu ke arah mana harga akan benar-benar bergerak setelah Anda memasuki pasar, Anda juga tidak tahu seberapa jauh harga akan bergerak ke arah itu.

Untuk mengubah aspek ketidakpastian lebih lanjut ini menjadi kepastian juga, kita dapat kembali menerapkan konsep probabilitas. Kami menggunakan analisis teknis untuk mengidentifikasi titik yang paling mungkin dicapai oleh harga.

Sebagai aturan praktis, kita dapat mengatakan bahwa titik terdekat adalah yang paling mungkin dicapai. Semakin jauh target dari entri, semakin rendah kemungkinan tercapainya target di masa mendatang tanpa koreksi.

Untuk perencanaan perdagangan Anda, ini berarti bahwa Anda dapat mengharapkan untuk mencapai target dengan cepat jika mereka dekat, dan Anda harus merencanakan koreksi jika mereka jauh.

Ada beberapa metode untuk menentukan target keuntungan. Mari kita lihat lebih dekat dua di antaranya. Satu di sini dan yang lainnya di bagian berikutnya.

Anda akan ingat bahwa kami menggunakan harga terendah terakhir setelah koreksi di tren awal untuk menentukan stop loss kami. Kami mengikuti jalan yang sama untuk penentuan keuntungan.

Untuk target profit kami, kami mencari titik yang dapat dicapai dengan tingkat probabilitas tinggi dalam pergerakan saat ini. Ini biasanya tertinggi terakhir setelah koreksi atau resistance terdekat dalam tren. Karena kami dapat mengharapkan reaksi balik pada titik-titik ini secara teratur, masuk akal bagi Anda untuk menetapkan target keuntungan Anda di sini.

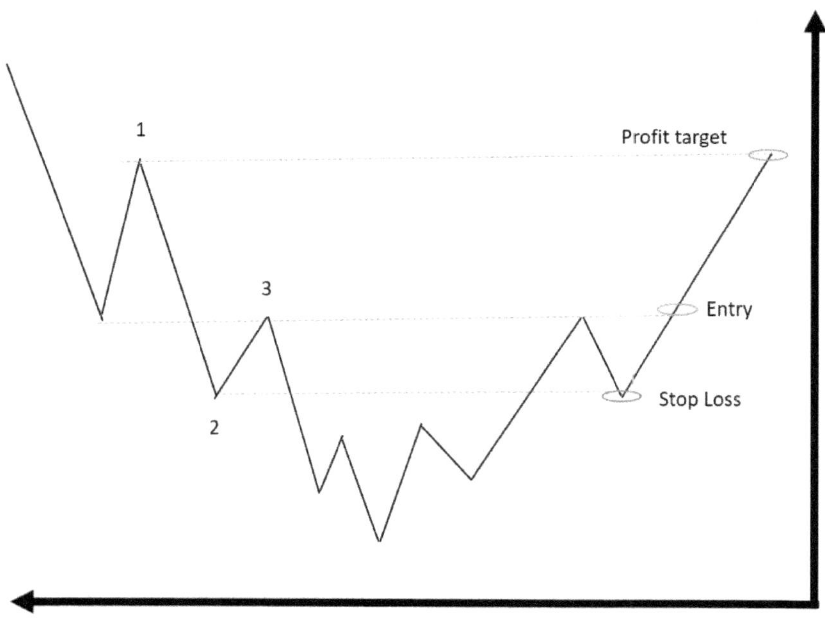

Gambar 22: Definisi target profit saat uptrend.

Gambar 22 menunjukkan kepada kita arah khas pasar mana pun dengan tren turun, formasi dasar, dan pembalikan tren. Dengan tercapainya puncak di titik 1 dan koreksi lanjutan hingga ke support di titik 2, kita dapat berasumsi bahwa ada minat beli di antara para pelaku pasar.

Kami ingin membuka posisi saat harga menembus resistance di titik 3. Kami menempatkan stop loss di bawah low terakhir di titik 2, di mana kami secara bersamaan mengidentifikasi sebuah support. Saat kita memasuki tren baru dan berspekulasi bahwa harga tertinggi baru akan tercapai, kita memilih resistensi berikutnya dalam jangkauan sebagai target kita, yaitu pada titik 1. Pada titik ini kita dapat mengharapkan setidaknya koreksi sementara. Untuk mengamankan keuntungan kami, kami keluar dari perdagangan pada saat ini.

Kami ingin keluar dari ketidakpastian dan juga mendapatkan kepastian untuk kasus profit. Bahkan dengan risiko menyembelih salah satu sapi perdagangan suci pada saat ini, hanya ada satu rekomendasi:

Tetapkan sendiri target keuntungan konkret dan bawa kemenangan Anda ke sana!

Kami dapat mentransfer prosedur ini langsung ke praktik dan melihat pasangan mata uang GBP/USD:

Gambar 23: GBP/USD, grafik harian (satu lilin = satu hari). Setelah penurunan, pasangan mata uang membentuk dasar dan mulai membentuk tren naik baru. Sumber: www.tradingview.com

Pasangan mata uang GBP/USD telah menemukan dasar di USD 1.19583 setelah aksi jual ke titik 1. Di sana pasangan mata uang tersebut stabil dan naik ke garis resistensi di USD 1.25344—titik kami 2. Seperti yang diharapkan, pasangan mata uang jatuh kembali dari di sana dan membentuk titik terendah yang lebih tinggi di titik 3. Seperti yang sudah Anda ketahui, ini menunjukkan setidaknya minat beli sementara, yang ingin kita gunakan untuk perdagangan. Kami menempatkan entri kami tepat di atas titik 2 di USD 1.25367. Kami menetapkan stop loss kami di bawah titik 3 pada USD 1,2190. Sebagai target, kami menargetkan area yang telah membentuk resistance yang relevan di masa lalu: kisaran antara USD 1.29755 dan USD 1.33281. Di sana kami ingin keluar dari perdagangan kami dengan untung.

Sekarang Anda mungkin bertanya pada diri sendiri mengapa poin khusus ini dipilih. Ada beberapa alasan untuk ini. Di satu sisi, Anda dapat melihat bahwa pada titik B harga rebound dua kali ke bawah dengan support di Titik A. Titik-titik ini membatasi zona di mana harga berkisar selama beberapa hari, sehingga kita dapat melihatnya sebagai resistensi potensial. daerah. Di area USD 1.29755—tempat support di titik A berada—terdapat beberapa reaksi. Sebuah undershooting dari dukungan itu tidak permanen. Untuk alasan ini, garis di titik A harus membangun resistensi probabilitas tinggi. Oleh karena itu, kemungkinan besar harga akan rebound di sana. Untuk menjaga keuntungan, kita akan keluar dari sini dengan bagian— yaitu, setengah—dari posisi. Di sisi lain, area di sekitar angka bulat dianggap sangat reaktif, terutama dalam perdagangan valas. Area ini, seperti USD 1.33000, berada di bawah pengamatan khusus oleh banyak pelaku pasar. Di area itu juga garis resistance di Titik B, di mana pembeli sudah gagal. Juga, untuk alasan ini, disarankan untuk keluar dari bagian lain dari posisi di sana untuk mengamankan keuntungan yang diperoleh.

Saat kita melanjutkan, kita dapat melihat bahwa kita mampu mengambil hampir seluruh bagian dari pergerakan naik setelah breakout. Apa yang juga muncul adalah bahwa setelah kami keluar, konsolidasi telah terbentuk yang menawarkan setidaknya dua peluang perdagangan yang lebih menarik di support yang baru ditemukan.

Jika Anda membandingkan pengamatan ini dengan alternatif „biarkan keuntungan berjalan", di mana Anda melihat peluang yang lebih baik bagi Anda untuk menghasilkan uang dan meningkatkan modal perdagangan Anda?

Melalui perdagangan Anda yang sukses, Anda juga dapat membangun kepercayaan diri Anda sebagai seorang pedagang. Bandingkan ini dengan pedagang yang telah mengalami beberapa kali selama pergerakan ini bahwa keuntungan bukunya secara teratur mencair dan akibatnya, perlahan-lahan mulai meragukan dirinya sendiri dan strateginya.

Untuk implementasi teknis dari strategi Anda, di sebagian besar platform perdagangan, Anda dapat memasukkan target harga Anda secara bersamaan dengan stop loss order Anda dan menempatkannya di pasar.[3] Dengan cara ini dua „pos batas" Anda ditetapkan dan Anda mengetahui hasil penuh dari perdagangan Anda dengan pasti saat Anda membuka posisi.

Sekarang kami telah mengumpulkan semua komponen yang Anda butuhkan untuk mendapatkan kepastian dalam trading Anda. Anda tahu saat membuka posisi apa yang paling bisa Anda kalahkan dan Anda juga tahu apa yang paling bisa Anda menangkan. Tetapi yang belum Anda ketahui adalah apakah perdagangan benar-benar masuk akal, atau apakah Anda sebaiknya menunggu kesempatan lain. Mari kita selesaikan ini sekarang.

---

3   Ini kemudian terjadi sebagai apa yang disebut pesanan OCO: Satu-Batalkan-Lainnya. Jika satu pesanan dipicu, yang lain secara otomatis dihapus. Ini untuk memastikan bahwa tidak ada pesanan terbuka dari Anda yang tetap berada di pasar karena kesalahan.

Peluang atau risiko? Bagaimana meningkatkan kualitas perdagangan Anda!

Salah satu komponen terpenting untuk kesuksesan abadi dalam perdagangan adalah kemampuan untuk memisahkan peluang yang menjanjikan dari yang tidak menjanjikan dan hanya masuk ke dalam perdagangan yang memiliki potensi keuntungan yang sesuai.

Sayangnya, Anda tidak mengetahui hal ini sebelumnya dan Anda harus menggunakan konsep probabilitas untuk menemukan setidaknya beberapa kepastian. Seperti dibahas di atas, Anda perlu menetapkan target keuntungan yang dapat dicapai dengan probabilitas tinggi untuk setiap perdagangan. Tentu saja, tidak masuk akal untuk memilih target yang dekat dengan entri hanya untuk mendapatkan keuntungan cepat. Jika Anda melanjutkan dengan cara ini, Anda akan mendapatkan banyak keuntungan kecil, yang dapat dihilangkan dengan satu kerugian. Perhitungan ini tentu saja tidak bisa berjalan dalam jangka panjang.

Untuk alasan ini, penting bagi Anda untuk membandingkan potensi kerugian dan potensi keuntungan dari suatu perdagangan. Selalu tahu apa yang Anda inginkan dan butuhkan untuk mendapatkan kompensasi yang memadai atas risiko yang Anda ambil atas investasi Anda.

Rasio ini ditunjukkan dengan rasio risiko/imbalan. Rasio risiko/imbalan—singkatnya RRR—menunjukkan seberapa tinggi keuntungan dalam kaitannya dengan risiko yang diambil. Perhitungannya sangat sederhana:

$$RRR = \frac{Win}{Loss}$$

Misalnya, jika kita merencanakan perdagangan di mana kita dapat menghasilkan keuntungan sebesar \$100 dan risiko yang kita tentukan adalah \$50, maka rasio risiko/imbalan kita adalah

$$RRR = \frac{\$100}{\$50} = 2$$

Dengan asumsi kami akan puas dengan keuntungan kecil sebesar $50, rasio risiko/imbalan kami akan terlihat seperti ini:

$$RRR = \frac{\$50}{\$50} = 1$$

Sebagai skenario terakhir untuk ini, kita dapat melihat seperti apa rasio risiko/imbalan jika kita keluar dengan keuntungan kecil—katakanlah—$25 jika kita menutup perdagangan kita segera setelah membuka dan membuat keuntungan pertama.:

$$RRR = \frac{\$25}{\$50} = 0.5$$

Dari rasio risiko/imbalan, Anda dapat melihat kapan perdagangan masuk akal dan kapan tidak. Ini seperti investasi apa pun: Jika kita tahu dari awal bahwa kita akan mendapatkan lebih sedikit daripada risiko kita, maka investasi ini tidak masuk akal. Rasio risiko/imbalan mengungkapkan logika ini dalam angka.

Untuk interpretasi, ini berarti bahwa persyaratan minimum yang harus Anda miliki untuk rasio risiko/imbalan Anda adalah RRR = 1. Jika rasio risiko/imbalan kurang dari 1, Anda mengambil risiko yang lebih tinggi daripada yang dijanjikan sebagai keuntungan. Selain itu, Anda menghitung dengan probabilitas untuk kasus yang menang, jadi tidak pasti apakah keuntungannya benar-benar dalam jumlah ini. Jika terjadi kerugian, Anda juga menghitung probabilitas, tetapi jika ini terjadi, maka Anda tahu dengan pasti apa yang bisa Anda hilangkan. Kerugian bawaan ini semakin memperkuat rasio risiko/ hadiah yang terlalu rendah untuk kerugian Anda.[4]

---

4   Faktanya, ada sejumlah kelemahan yang harus Anda atasi pada setiap

Dengan demikian, persyaratan minimum untuk rasio risiko/ imbalan harus 1. Kemudian Anda akan dibayar jumlah yang sama untuk risiko yang Anda ambil. Jika terjadi kerugian, keuntungan sebelumnya segera terhapus. Secara keseluruhan, Anda harus sangat sukses untuk mencapai hasil yang signifikan dengan rasio risiko/ imbalan ini.

Jelas, lebih baik memilih rasio risiko/imbalan yang jauh lebih tinggi. Dalam praktiknya, nilai 1,5 hingga 2 telah terbukti praktis. RRR = 1,5 berarti Anda akan menerima 1,5 kali risiko yang Anda ambil jika Anda berhasil. Sebuah contoh:

Dengan asumsi Anda melakukan dua perdagangan, salah satunya adalah pemenang dan yang lainnya pecundang, Anda telah membuat total keuntungan sama dengan setengah risiko Anda. Terutama karena Anda berasumsi bahwa Anda harus mengharapkan kerugian dalam perdagangan secara teratur dan secara eksplisit merencanakannya, pendekatan ini masuk akal.

Untuk perencanaan dan pelaksanaan perdagangan Anda, ini berarti bahwa Anda menghilangkan perdagangan tersebut di mana sudah jelas sejak awal bahwa peluang untuk menang lebih kecil daripada risiko yang diambil. Dari perspektif risiko/imbalan, ini sama sekali tidak masuk akal. Sebuah kerugian melempar Anda lebih jauh ke belakang daripada keuntungan akan memajukan Anda.

Sebelum kita membahas secara kritis rasio risiko/imbalan, mari kita lihat rasio risiko/imbalan yang telah kita rencanakan untuk perdagangan kita dalam GBP/USD:

---

perdagangan. Ini adalah biaya yang telah disebutkan, spread, dan juga kemungkinan slippage. Anda harus menebus semua poin ini dalam perjalanan Anda untuk menang sebelum Anda benar-benar mendapat untung.

Gambar 24: GBP/USD, grafik harian (satu lilin = satu hari). Rasio risiko/ imbalan ditandai dalam perdagangan kami dan hanya dengan inspeksi visual Anda dapat melihat bahwa RRR > 1. Sumber: www.tradingview.com

Kami telah merencanakan perdagangan kami dengan entri di USD 1.25367, stop loss di USD 1.21900 dan target di USD 1.29755 dan/ atau USD 1.33000. Berapa rasio risiko/imbalan?

Risikonya adalah:

$$Entry - Stop\ Loss - Risk$$
$$USD\ 1.25367 - USD\ 1,21900 = 3,467 = 346.7\ Pips$$

Keuntungan yang direncanakan adalah sebesar:

$$Target - Entry - Profit$$
$$USD\ 1.29755 - USD\ 1.25367 = 4,388 = 438.8\ Pips$$

Profil risiko/imbalan adalah sebagai berikut::

$$RRR = \frac{4,388}{3,467} = 1.27$$

Kita lihat bahwa RRR >1. Ini berarti bahwa perdagangan pada dasarnya layak. Jika kami memasukkan biaya perdagangan seperti biaya, spread,[5] dan mungkin eksekusi yang lebih buruk dari yang direncanakan—yang disebut slippage [6]—rasio risiko/imbalan semakin memburuk. Oleh karena itu, perdagangan masih layak dilakukan, tetapi rasio risiko/imbalan dari jumlah ini tidak boleh menjadi aturan.

Mari kita ambil poin lain dalam konteks ini. Pada titik ini, harap pikirkan kembali perhitungan kami tentang ukuran posisi optimal. Di sana kami hanya memiliki empat pemenang dari sepuluh perdagangan. Namun demikian, kami masih dapat mencapai hasil yang positif, dengan asumsi persentase risiko yang konstan. Alasannya adalah bahwa perdagangan yang menang lebih besar daripada perdagangan yang kalah. Rasio risiko/imbalan secara signifikan di atas 1 dalam setiap kasus.

Bagi Anda ini berarti bahwa Anda tidak selalu harus benar dengan analisis Anda. Anda tidak harus menutup setiap perdagangan dengan keuntungan untuk mencapai hasil keseluruhan yang positif. Pemenang Anda hanya harus lebih besar dari pecundang Anda. Itulah seluruh rahasia. Apa yang terdengar begitu sederhana dalam teori diketahui jauh lebih sulit dalam praktiknya. Untuk alasan ini, juga tepat dan penting untuk menetapkan target konkrit yang dapat dicapai dengan tingkat probabilitas tinggi untuk mengakhiri perdagangan pada titik ini.

Semakin jauh target dari entri Anda, semakin kecil kemungkinannya untuk dicapai dalam waktu yang wajar dan tanpa koreksi yang signifikan. Ini juga berarti bahwa kemungkinan untuk mencapai rasio risiko/imbalan yang sangat tinggi juga rendah. Semakin tinggi

---

5   Spread adalah selisih antara harga bid dan ask. Sebagai aturan, harga penawaran lebih rendah dari harga permintaan.

6   Slippage didefinisikan sebagai eksekusi order yang lebih buruk dari eksekusi order yang diinginkan. Hal ini dapat terjadi baik saat membuka dan menutup posisi dan, dalam keadaan yang tidak menguntungkan, dapat memperburuk hasil secara signifikan.

rasio risiko/imbalan yang ditargetkan, semakin rendah kemungkinan Anda akan mencapainya dengan segera dan langsung.

Di sini juga, kita harus melakukan diskusi kritis. Kita sering mendengar dari para pedagang bahwa mereka hanya masuk ke dalam perdagangan yang menjanjikan rasio risiko/imbalan 3, 4, atau 5. Menurut Anda, berapa banyak peluang bagus yang terlewatkan menurut Anda para pedagang ini harus mengambil jalan mereka menuju keuntungan besar? Seberapa realistiskah pernyataan seperti itu?

Dalam perencanaan tentunya tepat dan penting untuk mengidentifikasi dan mendefinisikan potensi besar. Namun, Anda juga harus menyadari keuntungan Anda pada titik di mana kemungkinan besar akan hilang lagi.

Last but not least, ketika melihat perdagangan, ini bukan hanya masalah menentukan potensi apa yang dimilikinya, tetapi juga mengukur secara retrospeksi rasio risiko/imbalan apa yang sebenarnya telah direalisasikan. Hanya poin ini yang menjadi faktor penentu. Hanya pertimbangan ini yang menunjukkan apakah seorang pedagang berhasil berdagang atau tidak.

Saat merencanakan perdagangan Anda berikutnya, karena itu disarankan agar Anda memilih perdagangan yang menawarkan rasio risiko/imbalan 1,5 atau 2 dan kemungkinan akan mencapai target Anda. Kemudian, dalam retrospeksi, Anda akan dapat mengklaim rasio ini secara total lagi untuk diri Anda sendiri.

Anda mungkin sudah menebaknya. Anda juga dapat menetapkan target keuntungan Anda melalui rasio risiko/imbalan tetap. Misalnya, jika Anda menetapkan bahwa Anda selalu ingin mewujudkan RRR = 1,5, maka tetapkan ini sebagai target keuntungan Anda. Menggunakan analisis teknis, Anda kemudian harus memastikan bahwa kemungkinan mencapai target juga diberikan.

Akhirnya, beberapa kata tentang berurusan dengan probabilitas. Meskipun kami telah membahas apa yang tampaknya mungkin dan apa yang tidak, kami belum mempertimbangkan bukti statistik konkret dalam hal ini. Itu juga tidak mungkin. Dalam dunia perdagangan ada jumlah pasar, metode, gaya perdagangan, produk, dan strategi yang tak terbatas. Ini dapat dikombinasikan sesuka hati dan diimplementasikan dalam berbagai kerangka waktu. Sebuah pertimbangan selimut statistik kaku tidak masuk akal karena berbagai kemungkinan. Pada akhirnya, Anda harus mengembangkan dan menyempurnakan strategi Anda sendiri dan bertindak sesuai dengan kebutuhan dan preferensi pribadi Anda. Jika dari sudut pandang Anda, pencapaian target keuntungan agak tidak mungkin, maka ini adalah sinyal pasti bagi Anda untuk tidak memasuki perdagangan atau setidaknya memilih target keuntungan lain. Ini tidak berarti bahwa pedagang lain tidak memiliki pendapat yang berlawanan dengan Anda pada saat yang sama di bawah kondisi dan strategi pribadinya berdasarkan mereka. Ini penting, benar, dan baik. Bagaimanapun, banyaknya opini pasar, ide perdagangan, dan keadaan individu adalah salah satu alasan mengapa perdagangan terjadi sama sekali di pasar keuangan.

Untuk alasan ini, pertimbangkan konsep probabilitas sebagai bantuan pengambilan keputusan subjektif yang membantu Anda melakukan perdagangan sesuai dengan ide pribadi dan kebutuhan individu Anda.

Ringkasan singkat dari fakta yang paling penting:

> Selain meminimalkan risiko, penting juga bagi Anda untuk membuat perencanaan target laba yang konkrit.

> Terutama di pasar yang bergejolak, masuk akal untuk mengamankan akumulasi keuntungan secara teratur.

> Saat menentukan keuntungan, tanyakan pada diri Anda: Ke mana pasar kemungkinan besar akan pergi?

> Rasio risiko/imbalan—RRR—dapat dihitung dengan menggunakan komponen risiko dan keuntungan yang

ditentukan, yang menunjukkan hubungan antara keuntungan dan risiko yang diambil.

> Perdagangan dengan rasio risiko/imbalan di bawah satu memiliki risiko yang terlalu tinggi dibandingkan dengan keuntungan yang diharapkan dan harus dihindari.

> Anda memiliki peluang realistis dengan rasio risiko/imbalan antara satu dan dua.

> Semakin jauh target keuntungan dari harga awal dan semakin tinggi rasio risiko/imbalan yang direncanakan, semakin rendah kemungkinan target akan tercapai di masa mendatang tanpa koreksi.

> Lebih penting daripada rasio risiko/imbalan yang direncanakan adalah rasio risiko/imbalan yang direalisasikan untuk pengendalian kinerja profesional.

> Dengan rasio risiko/imbalan lebih besar dari satu, Anda bisa mendapatkan lebih banyak pecundang tanpa menimbulkan kerugian keseluruhan.

Bab 4:
Manajemen Risiko dan Uang dalam Praktek

Saham, Forex, dan Futures—Cara menerapkan manajemen risiko dan uang secara profesional ke akun trading Anda

Bagaimana Anda dapat mentransfer risiko dan pengelolaan uang Anda secara profesional dalam bentuk yang sekarang Anda kenal dalam praktik? Apa yang perlu Anda perhatikan dan seperti apa kemungkinan perhitungan dan hasilnya? Mari kunjungi tiga trader kami dan lihat dari balik bahu mereka saat mereka merencanakan posisi mereka.

Mari kita kunjungi dulu Rick, trader forex kami:

Saya sudah memikirkan risiko yang saya ambil dan saya berasumsi bahwa target harga yang lebih tinggi dapat dicapai secara teratur dalam perdagangan valas. Saya pikir ada begitu banyak volatilitas di pasar forex, harus selalu ada rasio risiko/imbalan yang baik untuk saya. Di sisi lain, saya juga tidak ingin menunggu selamanya untuk mendapatkan keuntungan saya. Saya ingin masuk dan keluar dengan cepat. Bagi saya, rasio risiko/imbalan 1,5 karena itu masuk akal. Saya sudah mempelajari analisis teknikal secara mendalam, jadi saya akan menemukan banyak calon pemenang!

Adalah baik dan penting untuk mengenali apakah Anda ingin menunggu kesuksesan Anda atau jika Anda ingin mengaksesnya dengan cepat. Rick telah membuat keputusan yang jelas di sini dan juga telah menekankan bahwa dia ingin bertindak agak agresif. Rasio risiko / imbalan 1,5 cukup tinggi untuk mengkompensasi kerugian yang terjadi. Jika Rick benar dengan pernyataannya dan tidak hanya mengharapkan banyak pemenang tetapi juga mencapainya, maka atas dasar ini dia akan membuat kemajuan yang baik menuju tujuannya. Sebaliknya, jika yang kalah jelas-jelas mayoritas, maka dia harus mempertimbangkan kembali angka targetnya.

Rick juga membawakan kami perdagangan yang ingin dia berikan kepada kami:

Gambar 25: AUD/USD, grafik 60 menit (satu lilin = 60 menit). Poin 1 – 7 menandai masing-masing tertinggi dan terendah dalam pergerakan tren. Poin 6 menandai level entri, poin 7 adalah stop loss dan poin 8 menandai target perdagangan dengan RRR = 1,5. Persegi panjang secara grafis mewakili rasio risiko/imbalan. Sumber: www.tradingview.com

Dalam analisis saya terhadap AUD/USD, saya menemukan peluang bagus pada grafik 60 menit. Saya mengidentifikasi tren naik awal yang akan terbentuk setelah membentuk double-bottom. Pada titik 1, saya menemukan titik rendah, yang diikuti oleh titik tertinggi pada titik 2. Dengan titik 3, terbentuk titik terendah pada level yang sama dengan rendah 1, yang bagi saya merupakan tanda pertama bahwa mungkin ada titik bawah. Ketika harga tertinggi baru dicapai dengan titik 4, diikuti oleh titik terendah yang lebih tinggi di 5 dan kenaikan tajam ke 6, saya memutuskan untuk melakukan perdagangan dengan menembus titik tertinggi terakhir di titik 6. Dan memang, titik terendah yang lebih tinggi terbentuk di poin 7! Dengan break out dari high pada titik 6, setup saya selesai dan saya membuka perdagangan saya!

Perencanaan terkait saya adalah sebagai berikut:

Rick	Ukuran akun	Risiko per perdagangan dalam persen	Risiko per perdagangan dalam USD	Pintu masuk	Hentikan Kerugian
	$5,000.00	1.0%	$50.00	$0.68833	$0.68610
Risiko dalam Pips	Ukuran posisi	RRR	Untung dalam Pips	Target keuntungan	Untung dalam USD
$0.00223	$22,421,52	1.5	$0.00354	$0.69188	$79.48

Gambar 26: Perencanaan Rick untuk perdagangannya

Karena trading forex adalah 24 jam sehari, saya telah menambahkan stop buy order ke entri saya sehingga saya tidak perlu menunggu sampai entri saya tercapai untuk masuk secara manual. Pada saat yang sama, saya telah memasukkan stop loss dan target saya setelah pembukaan, sehingga saya tertutup ke bawah saat pembukaan dan dapat mengambil keuntungan saya ke atas. Dalam perhitungan saya, spread direncanakan dengan dua pips, yang telah saya tambahkan ke target saya. Tidak ada biaya yang dibebankan oleh broker saya untuk trading forex, jadi saya tidak perlu membayar biaya tambahan apapun. Karena perdagangan forex sangat likuid, saya tidak memasukkan slippage dalam bentuk eksekusi yang buruk.

Berdasarkan jumlah risiko saya per perdagangan, saya dapat mengambil risiko $50. Jika saya mengurangi harga pada stop loss dari harga masuk, saya menghadapi risiko 22 pips. Dengan target saya RRR = 1,5 ini menghasilkan keuntungan 33 pips. Jika saya menambahkan spread, itu adalah 35 pips. Saya menambahkan ini ke harga di entri saya dan saya telah menghitung harga pada target saya. Perhitungan ukuran posisi saya adalah salah satunya. Karena saya memiliki sedikit lebih dari $22.000 tersedia sebagai ukuran posisi, saya senang bahwa broker saya juga menawarkan denominasi kecil. Dengan dua mini- dan dua mikro-lot, saya dapat menempatkan apa saja hingga $421 di pasar.

Setelah menghitung target saya, saya melihat grafik untuk melihat seberapa besar kemungkinan target saya dapat tercapai. Saya harus menyadari bahwa dalam perjalanan ke garis finish masih ada resistance yang menunggu di mana tren turun baru-baru ini membuat lower high. Di sini, setidaknya reaksi jangka pendek atau jeda dalam tren naik mungkin terjadi. Namun, saya berasumsi bahwa harga pada akhirnya akan menembus resistance ini, karena tren turun tampaknya telah berakhir. Jika, bertentangan dengan ekspektasi, itu bertentangan dengan arah pilihan saya, saya dilindungi oleh stop loss untuk berjaga-jaga.

Perdagangan sangat lambat setelah pembukaan. Segera setelah saya berhenti dalam perdagangan, segalanya menjadi menyamping untuk sementara waktu. Seperti yang diharapkan, pergerakan ke atas membuat koreksi kecil di area resistance, tetapi untungnya tidak benar-benar turun. Setelah itu, harga naik lagi diikuti oleh dua koreksi harga lagi dan kemudian masuk ke target profit saya. Kalau dipikir-pikir, saya juga bisa mencapai RRR yang lebih tinggi karena harganya naik 10 pips lebih tinggi setelah saya keluar."

Jika Anda melihat lebih dekat pada implementasi rencana Rick, konsekuensinya bagi Anda adalah Anda harus mengumpulkan atau menurunkan ukuran posisi atau taruhan Anda secara teratur. Meskipun ukuran posisi $22.421 ditentukan dalam perencanaan Rick, dia hanya mampu menempatkan $22.000 di pasar dengan lot mini dan mikro. Meskipun perbedaannya tidak mengejutkan, itu tercermin dalam hasilnya. Baik risiko yang diambil maupun keuntungan yang diperoleh sedikit di bawah rencana karena ukuran posisi yang disesuaikan ke bawah. Ini menunjukkan bahwa Anda harus selalu menyesuaikan perhitungan Anda dengan kemungkinan pasar dan produk. Selama perdagangan, kesabaran Rick diuji dan dia harus mempertahankan posisinya melalui beberapa koreksi harga. Pada akhirnya, kami melihat bahwa RRR moderat 1,5 juga perlu dikembangkan.

Bagaimana Anna—pedagang posisi kami—mendekati perencanaannya?

Karena saya cenderung mengambil pandangan jangka panjang, target harga yang terlalu sempit tidak masuk akal bagi saya. Saya bahkan berpikir bahwa saya ingin memberi diri saya dan perdagangan saya banyak kelonggaran sehingga saya tidak perlu terlalu sering mengubah posisi. Ketika saya menangkap sebuah tren, saya ingin bertahan selama mungkin! Untuk alasan ini, saya telah memutuskan untuk menetapkan rasio risiko/imbalan yang direncanakan pada 2,5. Hal ini sering dalam batas-batas dari apa yang layak. Tetapi saya juga tahu bahwa saya mungkin harus melalui satu atau dua koreksi di sini untuk mencapai target saya. Namun demikian, saya merasa baik tentang hal itu dan pendekatan ini cocok untuk saya dan sikap saya. Saya menaruh sedikit lebih banyak risiko pada posisi itu, tetapi saya juga mengharapkan sedikit lebih banyak sebagai balasannya.

Anna mengeksekusi perdagangannya di grafik mingguan dan dengan demikian secara otomatis menetapkan dirinya ke kerangka waktu jangka panjang. Target reguler untuk mencapai rasio risiko/ imbalan 2,5 adalah ambisius dan pada akhirnya tergantung pada pasar dan kekuatan tren. Terutama ketika melihat grafik mingguan, tren sering kali bermain dengan bersih dan naik turun jangka pendek di grafik harian bahkan tidak terlihat. Dengan manajemen perdagangan yang tepat, Anna dapat mencapai hasil yang baik dengan pendekatannya.

Anna juga ingin memberi kami perdagangan dan memberi tahu kami pemikirannya:

Saya mengidentifikasi pengaturan yang menarik di grafik mingguan Apple (AAPL) dan membuat perhitungan saya di atasnya:

Gambar 27: APPLE INC (AAPL), grafik mingguan (satu lilin = satu minggu). Poin 1 - 4 menandai masing-masing tertinggi dan terendah dalam pergerakan tren. Poin 5 menandai entri, poin 4 juga merupakan stop loss dan poin 6 menandai target keuntungan dari perdagangan dengan RRR = 2.5. Persegi panjang secara grafis mewakili rasio risiko/imbalan masing-masing. Sumber:www.tradingview.com

Sejak Oktober 2016, AAPL telah berada dalam tren naik jangka panjang, bergerak terus ke atas. Setelah AAPL melakukan koreksi tajam dari titik 1 pada Oktober 2018 dan mencapai titik 2 dua bulan kemudian, AAPL naik lagi ke titik 3 dan kemudian kembali ke titik 4—higher low. Bagi saya, ini adalah tanda pertama bahwa saya bisa melihat saham lebih dekat. Ketika AAPL kembali menuju utara setelah koreksi harga ke titik 4, saya memutuskan untuk menggunakan break melalui resistance di titik 3 sebagai entry.

Perhitungan saya sesuai terlihat sebagai berikut:

Anna	Account size	Risk per trade in percent	Risk per trade in USD	Entry	Stop Loss
	$25.000	1.50%	$375	$216	$166
Risk per share	**Position size**	**RRR**	**Profit in Pips**	**Profit target**	**Profit in USD**
$50	7.5	2.5	$125	$341	$938

Gambar 28: Perhitungan Anna

Saya telah memutuskan untuk mengambil risiko 1,5% pada akun trading saya. Itu $375 saat ini. Jika saya memasukkan titik masuk saya pada $216 dan stop loss pada $166 dalam perhitungan saya, saya dapat membeli tujuh saham. Karena tidak ada setengah bagian, saya harus membulatkan ke bawah.

Namun, selama analisis grafik, saya kemudian menemukan bahwa target yang saya hitung dengan RRR = 2.5 pada $341 adalah kelipatan tertinggi sepanjang masa, jadi saya pasti harus menyesuaikan diri dengan beberapa koreksi. Terutama di area bekas tinggi dan juga angka bulat di $300, kemungkinan reaksi sangat tinggi. Meski begitu, saya tetap mendukungnya. Saya pasti ingin mengambil sikap, bukan hanya karena saya menyukai produk mereka tetapi saya juga berpikir bahwa Apple masih jauh di depan para pesaingnya. Saya terlindungi dengan baik oleh stop loss saya dan dapat menindaklanjutinya dalam manajemen perdagangan saya.

Ternyata, AAPL menembus level tertinggi terakhir tanpa ragu-ragu. Meskipun koreksi di $300 tidak terjadi, saham bergerak ke arah target profit saya. Meskipun masih ada beberapa dolar yang hilang, saya yakin AAPL akan mencapai target keuntungan saya, apa pun yang terjadi. Untuk memastikan bahwa keuntungan yang saya peroleh tetap berada di kantong saya, saya mengelola perdagangan dengan trailing stop loss yang lebih ketat.

Yang masih harus saya potong dari keuntungan saya adalah biaya masuk dan keluar. Karena saya investor jangka panjang, spread €0,02 per saham dapat diabaikan bagi saya.

Anna tetap percaya diri dan sabar sepanjang perdagangan. Dia telah melakukan analisis grafiknya dengan cermat dan ketat membatasi risiko dan mengamankan keuntungannya selama perdagangan. Sebuah kerugian tidak akan membuatnya keluar jalur. Jadi, tidak ada alasan bagi Anna untuk ragu atau bertengkar. Sebagai seorang trader posisi, ia memiliki cakrawala waktu yang lebih lama, terlihat dari durasi perdagangan enam bulan. Koreksi yang terjadi selama periode holding beberapa bulan hanya normal dan merupakan bagian dari perdagangan. Bahwa mereka tidak terjadi juga terjadi dari waktu ke waktu.

Last but not least, Peter ingin mendiskusikan ide tradingnya dan hasil perencanaannya dengan kami. Apa rencana untuk pedagang berjangka kita?

Penting bagi saya untuk mendapatkan kompensasi yang layak atas risiko yang telah saya ambil. Oleh karena itu, rasio risiko/imbalan 2,0 sesuai untuk saya. Kemudian saya bisa keluar dari pasar lagi dan tidak menanggung risiko mengalami kerugian karena keadaan yang merugikan.

Sebelum kita melanjutkan, mari kita bicara tentang kesenjangan untuk sementara waktu. Pedagang secara teratur menghadapi risiko dikejutkan oleh "celah" atau "celah harga" di posisi semalam. Untuk trader yang berspekulasi tentang kenaikan harga, gap berarti tidak lebih dari harga pembukaan di pagi hari mungkin secara signifikan lebih rendah dari harga pada penutupan hari sebelumnya. Dalam hal ini kita berbicara tentang "kesenjangan". Untuk trader yang berspekulasi tentang penurunan harga, celahnya sama jika harga pagi hari di atas harga penutupan hari sebelumnya. Sinonim untuk ini adalah "kesenjangan".

Risiko terjadinya gap harga ditanggung oleh setiap trader yang menahan posisi semalaman. Di sini juga, hal berikut berlaku:

Semakin jangka pendek Anda memposisikan diri, semakin besar dampak kesenjangan harga terhadap manajemen risiko Anda. Misalnya, jika Anda merencanakan perdagangan Anda dalam grafik mingguan seperti Anna, Anda akan sering tidak melihat adanya kesenjangan harga sama sekali. Di sisi lain, jika Anda merencanakan perdagangan Anda seperti Rick dalam grafik 60 menit, maka selisih harga dapat berdampak kuat pada manajemen risiko Anda. Anda kemudian dapat keluar dari posisi Anda dengan harga yang jauh lebih buruk karena stop loss order Anda dieksekusi pada harga yang jauh lebih rendah dari yang Anda rencanakan.

Akibatnya, adanya kesenjangan harga juga merupakan alasan yang baik bagi Anda untuk merancang manajemen risiko Anda secara defensif dan tidak menghabiskannya sampai sen terakhir.

Mari kita kembali ke Peter. *Saya ingin menyajikan perdagangan di masa depan Emas. Menurut ukuran akun saya, saya telah memilih e-Micro, diperdagangkan di Comex.*

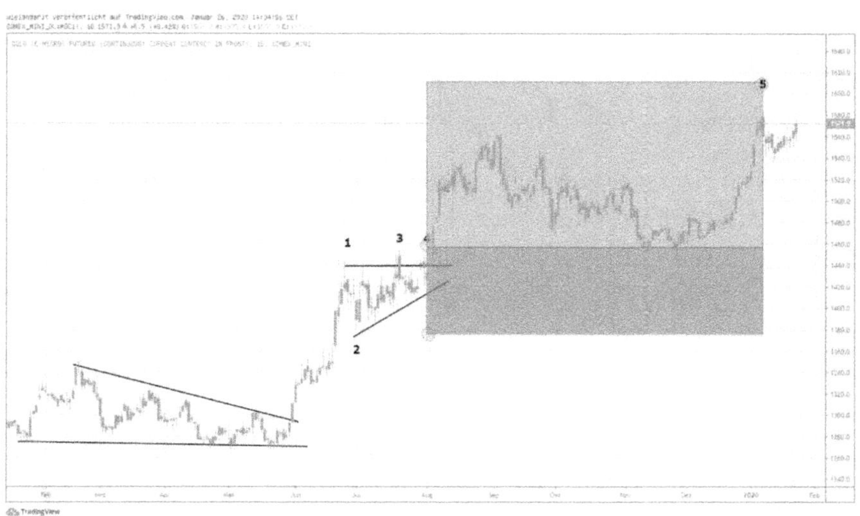

Gambar 29: MICRO GOLD FUTURE MGC, grafik harian (satu lilin = satu hari). Poin 1, 3, 4 menandai tertinggi yang sama yang membentuk resistensi dan poin 2 adalah terendah dari pembentukan segitiga naik. Poin 4 menandai entri, poin 2 menandai stop loss dan poin 5 target keuntungan yang dihitung

dari perdagangan. Persegi panjang secara grafis mewakili rasio risiko/imbalan masing-masing. Sumber: www.tradingview.com

Setelah breakout dari jatuh segitiga, emas telah naik ke titik 1 dan membuat koreksi harga ke titik 2 setelah harga mencapai kurang lebih sama tinggi di titik 3. Koreksi berikut tidak pergi sejauh yang sebelumnya dan begitu juga selanjutnya setelah mencapai titik 4. Secara keseluruhan, segitiga naik terbentuk dan saya memiliki ide untuk mengikuti tren yang telah ditetapkan ketika harga menembus zona resistance.

Inilah perhitungan saya untuk perdagangan saya:

Peter	Account size	Risk per trade in percent	Risk per trade in USD	Entry	Stop Loss
	$15,000	0.75%	$112.50	$1,455.30	$1,377.40
Risk per lot	Position size	RRR	Profit in ticks	Profit target	Profit in USD
$77.90	1.44	2	$156	$1,611	$225

Gambar 30: Peters merencanakan perdagangannya di Emas.

Dalam perhitungan saya, saya melanjutkan sedemikian rupa sehingga saya pertama kali mencari tanda yang sesuai di grafik untuk entri saya, stop loss saya dan target saya. Target ditetapkan oleh rasio risiko/imbalan yang saya rencanakan dua dan saya tidak dapat menemukan hambatan yang signifikan dalam perjalanan ke sana. Jika emas terus bertahan dalam tren naiknya, maka saya mungkin harus menanggung beberapa koreksi dalam perjalanan menuju target laba, tetapi saya terlindungi dengan baik dari sisi negatifnya. Akibatnya, poin tindakan diperbaiki untuk saya. Tentu saja, saya tidak dapat membeli pecahan masa depan, jadi saya membulatkan pesanan saya menjadi satu. Saya lebih baik aman daripada menyesal. Setelah pembukaan perdagangan, emas awalnya langsung naik dan saya pikir itu akan menjadi sangat mudah. Namun setelah mencapai area sekitar $1.540 harga menjadi sideways cukup lama dan lebih dari sekali saya melihat entry saya lagi. Bukan perasaan *terbaik—saya dapat memberitahu Anda. Tapi bagaimanapun juga, aku berdiri teguh dan menggertakkan gigiku. Kemudian tiba-tiba setelah menguji zona wabah dari sisi atas dan membentuk support harga naik dan target profit saya telah tercapai.*

Setelah kesimpulan teoretis di bagian dan bagian sebelumnya, kami dapat mengikuti ide-ide dalam eksekusi ketiga pedagang kami dalam praktik. Ketiga pedagang dapat melaporkan dari pengalaman yang berbeda. Dalam kasus Rick, dia harus melalui beberapa koreksi harga, meskipun target keuntungannya tidak terlalu tinggi. Hal ini menunjukkan, bahwa target profit yang tinggi dapat dicapai ketika terdapat volatilitas yang tinggi. Namun jika tidak ada, bisa memakan waktu cukup lama hingga harga mencapai target profit—seperti pengalaman Rick dengan tradingnya.

Anna merencanakan untuk jangka panjang dan telah menetapkan tujuan yang sangat tinggi untuk dirinya sendiri dengan rasio risiko/ imbalan yang tinggi. Selama perdagangan dia cukup beruntung, karena AAPL berjalan lurus dan tanpa koreksi harga terhadap target keuntungannya. Meskipun perdagangannya masih berjalan, manajemen perdagangannya yang ketat memastikan bahwa dia menyimpan sebagian besar dari akumulasi keuntungannya.

Pengalaman Peter telah menunjukkan bahwa Anda memerlukan rencana yang baik dan keberanian yang kuat untuk mempertahankan perdagangan Anda. Setelah awal yang baik, dia harus melalui koreksi tajam, yang menghilangkan keuntungan buku yang telah dibuat emas hingga saat itu. Pada titik ini, banyak trader menjadi gelisah dan mengambil risiko menutup posisi mereka sebelum waktunya. Peter, di sisi lain, tetap pada rencananya dan pada akhirnya berhasil karena alasan itu. Dalam hal ini, perencanaan perdagangan yang profesional adalah prasyarat dasar untuk menjaga saraf Anda selama eksekusi.

Ringkasan singkat dari fakta-fakta yang paling penting:

> Bahkan rasio risiko/imbalan yang direncanakan rendah mungkin memerlukan lebih banyak waktu daripada yang direncanakan untuk direalisasikan.

> Seringkali ukuran posisi yang dihitung tidak dapat ditempatkan di pasar secara penuh karena kurangnya pembagian.

> Untuk mewujudkan rasio risiko/imbalan yang tinggi, koreksi harus dipertimbangkan. Anda harus melalui ini jika Anda ingin mencapai tujuan Anda.

2
BAGIAN

Dari menjadi profesional hingga menjadi trader top

BAB 5:
Risiko dan Manajemen Uang Kuadrat

Sebenarnya, Anda sudah mengetahui semua yang perlu Anda ketahui untuk berhasil mengambil langkah pertama Anda di pasar keuangan. Setidaknya dalam hal membatasi risiko Anda dan mengamankan keuntungan Anda, tidak ada yang akan membodohi Anda lagi. Tentu saja, Anda dapat memperdalam pengetahuan Anda tentang analisis teknis grafik atau mempelajari lebih lanjut tentang kepribadian Anda sendiri sebagai seorang trader. Tapi sebenarnya, Anda sudah memiliki alat untuk menjadi trader yang menguntungkan.

Mari kita ambil kesempatan untuk memperdalam ilmu yang ada dan membawanya ke level selanjutnya. Dalam hal pengelolaan uang, ini lebih dari sekadar melindungi keuntungan. Intinya, pengelolaan uang berarti hanya itu: mengelola uang Anda—modal Anda yang tersedia. Oleh karena itu, tujuan pengelolaan uang profesional harus menggabungkan faktor-faktor yang mempengaruhi perdagangan Anda sedemikian rupa sehingga hasil terbaik yang mungkin dicapai dalam totalitas perdagangan Anda.

Anda telah mengetahui dan menginternalisasi beberapa faktor yang mempengaruhi ini dan Anda telah berhasil menerapkannya. Membatasi risiko Anda adalah bagian penting dan mendasar dari ini, tetapi juga menentukan rasio risiko/imbalan dari setiap perdagangan adalah bagian darinya. Dengan pemikiran ini, kami sekarang akhirnya menyatukan manajemen risiko dan manajemen uang.

Ada dua poin lagi yang perlu kita pertimbangkan terlebih dahulu untuk melengkapi gambaran kita secara keseluruhan. Untuk tujuan ini, kami akan meninggalkan pertimbangan perdagangan individu dan melihat lebih dekat jumlah perdagangan dalam periode keseluruhan.

Lebih banyak lebih baik . . . Apa pengaruh keakuratan analisis Anda dan jumlah perdagangan terhadap kesuksesan perdagangan Anda?

Kami sebelumnya telah memusatkan pertimbangan kami pada perencanaan dan pelaksanaan perdagangan individu. Sekarang dalam praktiknya Anda tidak hanya melakukan satu perdagangan dan kemudian mengakhiri karir perdagangan Anda. Tergantung pada gaya trading yang Anda pilih, Anda mungkin telah membuka dan menutup beberapa posisi dalam sehari. Namun, Anda pasti akan melihat kembali sejumlah besar perdagangan yang dilakukan pada akhir bulan dan pasti pada akhir tahun.

Masuk akal bahwa dengan jumlah total perdagangan, tidak hanya ada pemenang, tetapi juga pecundang secara teratur. Ini sangat normal dan merupakan bagian dari perdagangan. Kerugian adalah bagian dari bisnis; fakta ini harus diterima begitu saja. Untuk mendapatkan kesan nyata dari hasil Anda dalam jangka menengah dan panjang dan juga untuk mendapatkan titik awal yang tepat untuk peningkatan hasil pribadi Anda, saya sarankan Anda menyimpan catatan terperinci dari hasil perdagangan Anda pada saat ini. Buat jurnal perdagangan pribadi Anda di mana Anda mencatat poin-poin penting terpenting dari perdagangan Anda. Ini termasuk:

1. Data produk yang diperdagangkan:

    > Nama atau Simbol saham, ETF, pasangan mata uang atau aset dasar secara umum

    > Arah perdagangan: panjang atau pendek

> Deskripsi strategi perdagangan

> Mata uang aset

2. Data awal:

> Jumlah unit

> Tanggal

> Harga Masuk

> Ukuran posisi

> Biaya

3. Data perencanaan:

> Hentikan Kerugian

> Target keuntungan

> Rasio risiko/imbalan yang direncanakan

4. Keluar data:

> Jumlah unit

> Tanggal

> Harga keluar

> Nilai Posisi

> Biaya

5. Evaluasi perdagangan:

> Periode penahanan

> Realisasi laba/rugi per unit

> Total laba/rugi yang direalisasikan

> Rasio risiko/imbalan yang terealisasi

6. Jumlah statistik:

    > Jumlah pemenang

    > Pecundang total

    > Realisasi rasio risiko/reward secara keseluruhan

    > Jumlah semua perdagangan yang dieksekusi

    > Keuntungan/kerugian keseluruhan

Anda dapat memperpanjang daftar ini sesuai keinginan dengan menambahkan poin lebih lanjut dan evaluasi statistik yang penting bagi Anda. Namun, untuk pertimbangan kami, poin-poin ini sudah cukup. Dari poin-poin ini saja, Anda akan dapat memperoleh banyak wawasan penting untuk perdagangan Anda. Antara lain, Anda dapat melihat secara hitam dan putih berapa banyak pemenang dan pecundang telah menemukan jalan mereka ke jurnal perdagangan Anda dalam periode yang ditentukan.

Kita dapat menempatkan jumlah pemenang dan pecundang dalam jangka waktu tertentu—misalnya, satu tahun—dalam hubungan satu sama lain untuk pertimbangan lebih lanjut. Kita dapat menentukan seberapa tinggi jumlah pemenang dalam jumlah total perdagangan kita. Itu adalah hit rate:

$$\frac{Jumlah\ perdagangan\ yang\ menang}{Jumlah\ total\ perdagangan} = Hit\ rate$$

Tingkat hit memberi tahu Anda dengan probabilitas historis mana perdagangan menurut strategi Anda menghasilkan keuntungan atau menjadi pecundang. Dengan pernyataan ini, Anda mendapatkan setidaknya sebagian wawasan tentang kualitas perdagangan dan analisis Anda.

Dalam praktiknya, banyak pedagang sering berkonsentrasi secara intensif untuk mencapai tingkat hit setinggi mungkin. Ini dengan cepat menjadi ukuran segala sesuatu. Semakin tinggi semakin baik.

Bagaimana kita harus menilai ini? Apakah hit rate benar-benar ukuran segalanya?

Misalkan Anda berbicara dengan seorang pedagang yang memberi tahu Anda bahwa ia memiliki tingkat hit 99%. Dari 100 perdagangan yang dieksekusi, 99 perdagangan adalah pemenangnya. Apakah Anda berbicara dengan seorang pedagang yang baik di sini? Bakat yang luar biasa? Seorang master dari profesinya?

Kami tidak tahu. Kami tidak bisa. Karena untuk menilai apakah seorang trader dengan hit rate tinggi adalah trader yang baik, kita harus melihat di balik layar. Pertanyaan yang harus dijawab dalam konteks ini adalah dalam keadaan apa hasil ini dicapai.

Bayangkan pedagang ini memberi tahu Anda bahwa dia tidak mempraktikkan manajemen risiko. *Saya tidak membutuhkan stop loss, saya memiliki hit rate 99%. Atau: Ukuran posisi optimal bagi saya adalah seluruh akun. Saya memiliki tingkat hit 99%.* Saya yakin Anda sudah melihat ke mana arahnya. Dalam keadaan ini, bahkan satu perdagangan yang kalah dari 100 menyebabkan kerugian total pada akun.

Jadi lain kali, tolong tanyakan secara kritis dalam situasi apa hit rate tinggi dicapai. Hanya dengan begitu Anda akan mendapatkan gambaran keseluruhan.

Mungkin Anda sekarang bertanya pada diri sendiri seberapa tinggi hit rate yang harus dimiliki agar dapat bertindak dengan sukses. Tidak ada jawaban yang benar-benar pasti untuk pertanyaan ini sampai kita melihat keadaan selanjutnya. Kami hanya bisa mengatakan sebanyak ini: Bahkan dengan hit rate kurang dari 50%, Anda memiliki kesempatan untuk menjadi trader yang sangat sukses dan sangat menguntungkan. Kami telah menetapkan ini ketika menurunkan ukuran posisi optimal.

Poin selanjutnya cocok dengan ini. Dengan asumsi Anda benar-benar memiliki hit rate yang kurang dari 50%. Apa yang perlu

Anda perhatikan secara khusus ketika memilih dan merencanakan posisi Anda? Benar. Anda harus memastikan bahwa dengan setiap pemenang Anda mendapatkan lebih banyak dari pasar daripada yang Anda masukkan ke pasar dengan pecundang. Di sinilah rasio risiko / imbalan berperan lagi.

Mari kita gunakan hit rate untuk membahas sesuatu yang lebih mendasar. Tingkat hit menggambarkan persentase pemenang dalam hasil keseluruhan. Sebaliknya, oleh karena itu, juga jumlah pecundang.

Mari kita lihat secara umum situasi kehilangan pada titik ini. Bagaimana dengan kamu? Apakah Anda suka kalah? Bisakah Anda mundur, mundur? Setelah kalah, bisakah kamu terus seperti ini segera?

Berurusan dengan kehilangan tidak mudah bagi kita secara alami. Kami telah membahas ini ketika kami membatasi risiko. Itulah sebabnya kami memperkenalkan stop loss, sehingga akan melindungi kami dari kerugian yang tinggi dan dengan demikian membuat risiko kami dapat diprediksi dan diperhitungkan.

Apa yang dimaksud dengan kehilangan secara umum? Itu tidak selalu harus tentang kehilangan jumlah finansial. Kehilangan itu bermacam-macam. Misalnya, Anda juga bisa kalah dalam diskusi—sebagai contoh. Atau Anda kalah dalam permainan sepak bola yang telah disebutkan. Kita semua tahu bagaimana perasaan kita. Dan kami juga tahu bahwa kami akan melakukan segala yang kami bisa untuk menghindari kekalahan di waktu berikutnya, sehingga kami bisa menjadi pemenang lagi.

Yang pasti benar dan penting dalam kehidupan normal adalah kebalikannya dalam trading. Dalam perdagangan, kerugian hanyalah bagian dari permainan. Mereka adalah bagian dari keseluruhan dan tidak dapat dihindari. Itulah mengapa kinerja secara keseluruhan selalu penting dalam perdagangan. Satu perdagangan tidak menentukan dengan manajemen yang tepat. Tidak ke satu arah atau ke arah lain. Oleh karena itu, tujuan Anda harus mencapai hasil positif dalam jumlah total, bukan dalam satu perdagangan.

Pada titik ini kita harus bertanya pada diri sendiri bagaimana kerugian terjadi dan siapa yang bertanggung jawab atas kerugian tersebut. Saya yakin ada beberapa alasan. Alasannya dapat ditemukan di satu sisi di pasar, tetapi di sisi lain juga dalam diri kita sendiri. Seringkali dalam kombinasi keduanya.

Mari kita lihat situasi khas yang terjadi setiap hari di ruang perdagangan yang tak terhitung jumlahnya:

Bayangkan Anda telah membuka posisi Anda setelah penelitian dan analisis profesional dan telah menempatkan stop loss dan target keuntungan Anda ke pasar. Harga bergerak ke arah Anda; posisi Anda tampaknya menjadi pemenang dan Anda melihat diri Anda sudah dengan homerun, ketika tiba-tiba harga berbalik dan perlahan tapi pasti mendekati entri Anda lagi. Perdagangan mengancam untuk pergi ke arah yang salah dan setelah Anda memberikan keuntungan Anda, Anda tidak ingin mengalami kerugian juga. Stop loss atau tidak, tapi itu bukan hasil yang diinginkan. Posisi ditutup dengan cepat dan Anda keluar dari pasar pada titik masuk Anda dengan "titik impas". Apakah ini terdengar familiar bagi Anda?

Anda mengakhiri perdagangan meskipun tak satu pun dari landasan Anda tersentuh. Pada akhirnya, Anda membuang diri Anda dari pasar. Mengapa? Karena tidak ada orang yang suka kalah. Apalagi tidak berturut-turut. Tanyakan pada diri Anda: apa artinya ketika Anda kalah dalam perdagangan? Artinya tidak lain adalah bahwa Anda pertama-tama kehilangan uang dan kedua bahwa Anda jelas-jelas salah dalam pendapat Anda. Jadi, lebih baik cabut kabelnya dan hentikan perdagangan sebelum kerugian bertambah, bukan? Keluar tanpa kehilangan muka dan uang adalah apa yang bisa kita sebut pendekatan ini.

Dengan cara ini, calon pemenang menjadi pecundang yang aman yang juga merugikan diri sendiri.

Mari kita masuk lebih dalam ke pertanyaan ini. Siapa yang memutuskan apakah perdagangan Anda adalah pemenang atau pecundang? Anda atau pasar? Tentu saja, hanya ada satu jawaban yang masuk akal untuk ini—pasar menentukan hasil dari perdagangan Anda! Periode. Tetapi kemudian muncul satu pertanyaan: Mengapa banyak pedagang mencegah pasar membuat keputusan ini dan memilihnya sendiri secara sewenang-wenang?

Ingat: Setelah Anda membuka posisi, pasar sendirilah yang menentukan. Stop loss Anda memberi Anda perlindungan terhadap skenario terburuk dan Anda telah mendapatkan keamanan tentang hasilnya. Anda tidak dapat mempengaruhi arah posisi selanjutnya. Anda hanya bisa membiarkan perdagangan berjalan dan mengelolanya dengan benar.

Kehilangan selalu dikaitkan dengan pertanyaan yang tidak menyenangkan tentang tanggung jawab atas kerugian tersebut. Menurut Anda siapa yang bertanggung jawab atas kerugian Anda? Anda, pasar, atau pihak ketiga anonim? Ini juga mudah untuk dijawab. Itu selalu kamu! Pasar tidak akan membuka perdagangan atas nama Anda dan semoga pihak ketiga anonim juga tidak. Anda menekan tombol: Beli! Menjual! Oleh karena itu, Anda harus belajar untuk bertanggung jawab penuh atas perdagangan Anda.

Jika Anda melakukan analisis pasar dan teknis dengan pengetahuan terbaik Anda dan manajemen perdagangan berjalan sesuai dengan rencana perdagangan Anda, Anda tidak perlu menyalahkan diri sendiri jika perdagangan berubah menjadi pecundang. Tidak ada yang bisa membenarkan diri Anda sendiri. Bertanggung jawab atas tindakan Anda! Anda hanya perlu mengakui pada diri sendiri bahwa Anda tidak bisa atau tidak harus selalu 100% benar.

Berbicara tentang tanggung jawab pribadi: Banyak pedagang mencari saran di forum, klub, atau komunitas tempat mereka memperoleh analisis, sinyal, dan strategi untuk perdagangan mereka. Pendekatan ini dapat berguna selain untuk perdagangan Anda, tetapi tentu saja, itu tidak memungkinkan Anda untuk melakukan outsourcing tanggung jawab. Karena terlepas dari siapa ide perdagangan yang diterapkan pada akhirnya berasal, pelaksanaan perdagangan masih secara eksklusif terserah Anda. Dengan latar belakang ini, Anda harus didorong untuk menerapkan ide perdagangan Anda sendiri dan pada saat yang sama bertindak dengan tanggung jawab penuh.

Anda harus belajar menghadapi kerugian dan menerima bahwa kerugian hanyalah bagian integral dari perdagangan yang sukses. Di awal buku ini kami berbicara tentang biaya dalam konteks ini. Tentu saja, Anda ingin menjaga biaya tetap rendah, tetapi Anda tidak dapat menghindarinya. Dan dengan pemahaman ini, Anda juga harus menghadapi kerugian dalam trading.

Jika Anda menyadari dalam analisis statistik perdagangan Anda, bahwa kerugian kumulatif Anda lebih tinggi dari keuntungan kumulatif Anda, maka tentu saja diperlukan tindakan. Maka perlu untuk menganalisis dengan tepat penyesuaian mana yang perlu dilakukan untuk mengembalikan hit rate sesuai keinginan Anda.

Oleh karena itu, hit rate merupakan komponen penting dalam strategi pengelolaan uang Anda untuk menganalisis dan mengoptimalkan hasil Anda.

Singkatnya, hit rate memberi kita indikasi yang baik tentang bagaimana menang dan kalah dalam gambaran keseluruhan. Tapi dengan sendirinya, itu tidak berarti.

Selain risiko yang akan diambil per perdagangan, rasio risiko/imbalan, dan hit rate, kita memerlukan elemen keempat untuk benar-benar melengkapi pertimbangan kita.

Di bab pertama buku ini, kita melihat gaya perdagangan yang berbeda. Kami telah sampai sejauh ini sehingga kami telah menyelaraskan eksposur risiko kami dengan berbagai gaya perdagangan yang sesuai. Elemen keempat kami setidaknya sebagian terkait dengan gaya perdagangan. Karena yang membedakan gaya trading yang berbeda sekilas adalah jumlah posisi yang bisa dibuka dan ditutup dalam satu periode secara keseluruhan. Trader intraday lebih banyak melakukan trading mingguan atau bulanan daripada swing atau bahkan trader posisi. Trader intraday melakukan trading selama seminggu bahkan mungkin lebih sering daripada posisi trading yang dilakukan trader dalam satu tahun.

Di sini juga, kita dapat bertanya pada diri sendiri apakah kita dapat menarik kesimpulan tentang kualitas pedagang dengan melihat jumlah perdagangan. Sekarang Anda tahu apa tujuan pertanyaan ini. Tentu saja tidak. Kami membutuhkan lebih banyak informasi untuk mengevaluasi dengan benar jumlah perdagangan yang dieksekusi— frekuensi perdagangan.

Jika kita mendengar, misalnya, dari seorang pedagang posisi bahwa ia telah melakukan perdagangan 300 perdagangan dalam setahun, maka pernyataan ini mungkin membuat kita merenung. Jika kita mendengar pernyataan yang sama dari seorang pedagang intraday, maka angka ini tampak sangat wajar bagi kita; mungkin kita akan mengharapkan lebih.

Namun, kita dapat memperoleh lebih banyak informasi dengan melihat frekuensi perdagangan. Jika seorang pedagang mengeksekusi 300 perdagangan per tahun, muncul pertanyaan sejauh mana manajemen risikonya diarahkan untuk ini. Seperti apa risiko posisi individunya dan apa risiko keseluruhannya?

Banyak trader tidak memikirkan koneksi ini di awal karir mereka. Karena akses ke pasar keuangan sekarang semudah memesan buku, pendatang baru menanggung risiko terburu-buru dan terlalu cepat masuk ke pasar. Dengan beberapa klik, akun dikapitalisasi, posisi pertama dibuka dan beberapa perdagangan bahagia kemudian dunia perdagangan baik-baik saja. Kontrol kerugian? Salah! Target untung? Sehat. Ukuran posisi? Ini sedikit berbeda. Bisa dibayangkan kemana arahnya. Dan itulah mengapa penting bagi Anda untuk memikirkan manajemen risiko dan itulah mengapa penting bagi Anda untuk mempelajari elemen individual dari manajemen uang profesional.

Mari kita sekarang menyatukan keempat elemen ini dan tidak lagi melihatnya secara terpisah, tetapi dalam interaksi satu sama lain.

Percayai statistik Anda... Signifikansi risiko, rasio risiko/ reward, hit rate, dan frekuensi trading dalam praktik

Dengan empat elemen kami disajikan, kami dapat memprofesionalkan pengelolaan uang kami dan mengevaluasi hasil perdagangan kami dalam konteks.

Mari kita mulai dengan risikonya. Batasan risiko adalah bagian penting dari pertimbangan kami dan merupakan satu-satunya cara untuk memastikan kesuksesan perdagangan jangka panjang Anda. Tetapi jika kita membatasi pertimbangan pada risiko, kita tidak akan pergi jauh. Pernyataan belaka bahwa Anda menggunakan 1% dari akun perdagangan Anda per perdagangan sebagai risiko menunjukkan bahwa Anda membatasi risiko Anda, tetapi tidak lebih.

Ada baiknya jika Anda juga dapat menempatkan risiko yang telah Anda ambil sehubungan dengan keuntungan yang dapat Anda hasilkan. Apalagi jika keuntungannya lebih tinggi dari risiko yang harus Anda terima. Namun, yang penting di sini bukanlah apa yang mungkin, tetapi apa yang sebenarnya mungkin—apa yang dicapai. Melihat rasio risiko/imbalan hanya akan memberi Anda petunjuk yang tepat untuk risiko dan pengelolaan uang Anda serta optimalisasi hasil perdagangan Anda jika Anda melihat rasio risiko/imbalan yang direalisasikan. Namun, hanya melihat rasio risiko/imbalan yang direalisasikan saja tidak akan membantu Anda mengoptimalkan hasil perdagangan Anda.

Kemudian mari kita pertimbangkan hit rate. Untuk mencapai hit rate yang tinggi adalah keinginan sebagian besar trader. Namun, itu juga tidak dapat digunakan secara terpisah. Sebaliknya, jika Anda melihat hit rate dalam kaitannya dengan rasio risiko/imbalan yang dicapai, Anda akan mendapatkan informasi relevan yang Anda butuhkan untuk mengoptimalkan hasil Anda secara keseluruhan. Ini dia—itu selangkah lebih maju.

Akhirnya, frekuensi perdagangan menjadi bahan pertimbangan kami. Pedagang intraday banyak berdagang, posisi pedagang agak kurang. Menurut aturan praktis ini, kami juga dapat dengan cepat menghapus topik ini. Kita bisa, tapi kita tidak. Karena fakta bahwa ada juga informasi penting dan esensial yang tersembunyi bagi kami, yang sangat penting dalam kombinasi dengan hit rate atau rasio risiko/imbalan yang direalisasikan.

Dengan elemen-elemen ini, pertimbangan kami selesai dan akhirnya ada gerakan dalam analisis kami. Mari kita menyatukan elemen-elemen ini:

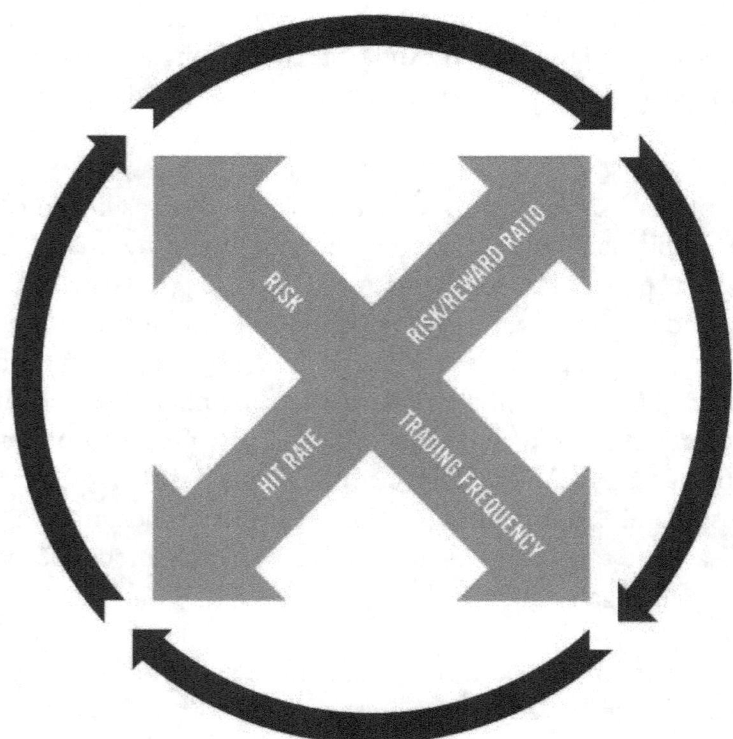

Gambar 31: „Matriks Pengelolaan Uang" menunjukkan interaksi dari empat elemen risiko profesional dan pengelolaan uang.

Kita dapat menggunakan „Matriks Manajemen Uang" untuk melihat interaksi posisi atau keseluruhan risiko, rasio risiko/reward yang direalisasikan, hit rate, dan frekuensi perdagangan. „Matriks Manajemen Uang" adalah alat yang sempurna untuk menganalisis dan mempertimbangkan hasil perdagangan Anda sendiri. Matriks ini juga mendukung Anda dalam merencanakan dan menentukan strategi trading Anda di masa depan.

Pada awal bagian ini, penggunaan jurnal perdagangan disarankan. Untuk alasan yang bagus. Hanya jika Anda mendokumentasikan aktivitas perdagangan Anda, Anda dapat mengevaluasinya secara statistik. Ini bukan tentang menghitung rumus dan nilai yang rumit. Sebaliknya, dalam sebagian besar kasus, intinya adalah melihat elemen-elemen yang diringkas secara keseluruhan dan membandingkannya. Dan hit rate hanya dapat dihitung dari jumlah total semua perdagangan.

Mari kita asumsikan bahwa Anda telah menyiapkan jurnal perdagangan semacam itu dan menentukan nilai konkret untuk tingkat hit Anda, frekuensi perdagangan Anda, dan rasio risiko/ imbalan yang Anda realisasikan. Anda sudah mengetahui risiko yang Anda ambil sebelum membuka posisi, terlepas dari jurnal perdagangan.

Misalnya, Anda memulai dengan akun perdagangan Anda sebesar $10.000 dan Anda menganalisis hasil Anda di akhir tahun. Anda akan mengetahui bahwa Anda telah mengeksekusi total 100 perdagangan. Dengan setiap perdagangan, Anda telah mengambil alih risiko 1% dari akun perdagangan Anda, yaitu jumlah absolut $100. Secara keseluruhan, Anda dapat mencapai rasio risiko/ imbalan sebesar 1,5 dengan tingkat hit 50%. Bagaimana kita bisa menilai hasil ini?

Biarkan angka-angka ini memiliki beberapa efek pada Anda pada awalnya. Bagaimana menurut anda? Hasil apa yang mungkin terjadi jika, misalnya, Anda telah menyadari angka-angka ini pada akhir tahun? Lagi pula, Anda "hanya" mengambil risiko $100 per perdagangan.

Trading account	$10,000
Risk in percent	1.0%
Hit rate	50%
Risk/reward ratio	1.5
Risk in US Dollar	$100
Trading frequency	100
Total profit	$2,500

Gambar 32: Elemen-elemen "Matriks Pengelolaan Uang" beraksi.

Kami dapat menyatakan bahwa Anda telah menutup dengan total keuntungan 25% dari akun perdagangan Anda! Secara khusus, rasio risiko/hadiah yang Anda realisasikan sebesar 1,5 tidak hanya memungkinkan Anda untuk mengimbangi setiap kerugian individu, tetapi juga untuk mencatat keuntungan tambahan per perdagangan yang menang. Meskipun Anda mengakhiri setiap perdagangan detik dengan warna merah, Anda dapat berdagang lebih dari menguntungkan. Anda berhutang ini pada rasio risiko/hadiah yang Anda realisasikan sebesar 1,5!

Seperti apa hasil Anda jika Anda hanya mencapai rasio risiko/imbalan yang terealisasi sebesar 1? Kita bisa menghitung ini dengan cepat di kepala kita. Hasilnya adalah nol.

Sebagai kesimpulan, kami dapat menyatakan bahwa perdagangan yang menguntungkan dijamin hingga rasio risiko/imbalan yang direalisasikan sedikit di atas 1 dan tingkat hit 50%. Sejauh mana hasil yang dicapai akan membantu Anda dalam pengembangan akun perdagangan Anda, tentu saja, adalah masalah lain.

Mari kita lihat contoh lain: Katakanlah Anda memiliki hit rate hanya 40% dengan parameter yang sama. Berapa total keuntungan Anda sekarang? Atau sudah berada di zona merah?

Bahkan, tidak. Dengan rasio risiko/reward yang terealisasi sebesar 1,5 dan tingkat hit 40%, hasil trading Anda benar-benar nol! Mereka tidak untung atau rugi—setelah semuanya selesai.

Trading account	$10,000
Risk in percent	2.0%
Hit rate	40%
Risk/reward ratio	1.5
Risk in US Dollar	$200
Trading frequency	100
Total profit	$0

Gambar 33: Elemen-elemen dari "Money Management Matrix" beraksi I. Kami telah menurunkan hit rate menjadi 40%.

Dengan kata lain, sebagai kesimpulan, Anda membutuhkan kurang dari setengah jumlah pemenang untuk berdagang secara menguntungkan. Namun, Anda kemudian harus memberi perhatian yang ketat pada rasio risiko/imbalan yang Anda realisasikan. Jika Anda jatuh di bawah rasio risiko/imbalan 1,5 dengan tingkat pencapaian yang direalisasikan sebesar 40%, Anda akan mengalami kerugian keseluruhan.

Dalam konteks ini, kita dapat melihat poin lain yang kita perlukan untuk menilai strategi trading kita. Kami telah menyimpulkan bahwa hit rate, frekuensi perdagangan, dan rasio risiko/imbalan terkait erat. Tingkat hit juga merupakan titik awal yang baik untuk menentukan apakah suatu strategi dapat menguntungkan dengan sendirinya. Untuk menentukan ini, kita perlu melihat lebih dekat lagi pada hit rate dan frekuensi trading.

Untuk tetap dengan contoh pertama kami, kami dapat menyimpulkan sejauh mana strategi kami menguntungkan sama sekali dari fakta bahwa kami telah menghasilkan untung $150 per perdagangan di satu setengah dari 100 perdagangan kami dan kerugian $100 per perdagangan di yang lain. setengah. Kita dapat menghitung „nilai yang diharapkan" dari ini.

Untuk melakukan ini, kita harus mengalikan hit rate dengan rata-rata pemenang dan mengurangi rate yang kalah dikalikan dengan rata-rata yang kalah. Apa yang terdengar rumit mudah dihitung dalam praktik.

*(Hit rate * Rata − rata dari semua perdagangan yang menang)*
   *− (Tingkat pecundang * Rata*
   − rata dari semua kerugian perdagangan) = Nilai yang diharapkan

Bagaimana Anda mendapatkan rata-rata semua pemenang atau pecundang? Anda cukup menjumlahkan semua keuntungan yang dihasilkan dan membaginya dengan jumlah perdagangan yang ditutup dalam keuntungan. Anda melanjutkan dengan cara yang sama untuk rata-rata pecundang.

Diterapkan pada contoh pertama kami, kami dapat menghitung nilai yang diharapkan:

$$(50\% * \$150) - ((1 - 50\%) * \$100) = \textit{Nilai yang diharapkan}$$

$$\$75 - \$50 = \textit{Nilai yang diharapkan} = \$25$$

Apa artinya ini bagi strategi perdagangan kita? Pada akhirnya, ini tidak berarti apa-apa selain bahwa kami mencapai keuntungan rata-rata $25 dengan setiap perdagangan. Tidak peduli apakah perdagangan individu adalah pemenang atau pecundang, rata-rata kami mencapai keuntungan $25 dalam keadaan tertentu. Ini adalah fakta yang meyakinkan dan sekali lagi dengan jelas menunjukkan bahwa bukan perdagangan individu yang diperhitungkan, tetapi totalitas semua perdagangan. Dan tentu saja, ini juga berarti bahwa kita dapat dan harus mengoptimalkan keseluruhan ini!

Kami juga dapat menghitung nilai yang diharapkan untuk contoh kedua kami, di mana kami mengasumsikan tingkat hit 40%.

$$(40\% * \$150) - ((1 - 40\%) * \$100 = Nilai\ yang\ diharapkan$$

$$\$60 - \$60 = Nilai\ yang\ diharapkan = \$0$$

Ini mengkonfirmasi perhitungan kami sebelumnya. Hasilnya di sini juga nol. Jika Anda berdagang seperti pada contoh kedua, Anda tidak bergerak lebih jauh. Sebuah perdagangan tidak akan membawa Anda kemana-mana, lebih dari itu akan melemparkan Anda kembali. Namun, pada akhirnya Anda selalu berada di ambang kerugian secara keseluruhan.

Jadi, jika Anda ingin menggunakan nilai yang diharapkan sebagai kriteria penilaian untuk strategi perdagangan pribadi Anda, pastikan itu positif. Segera setelah nilai yang diharapkan jatuh ke kisaran negatif, Anda kehilangan uang rata-rata dengan setiap perdagangan!

Ini adalah rekomendasi penting untuk perdagangan Anda yang akan datang. Konsisten dalam pemilihan posisi Anda dan hanya masuk ke dalam perdagangan di mana probabilitas tampak tinggi bahwa Anda benar-benar dapat mencapai rasio risiko/imbalan yang Anda rencanakan. Dalam pengertian ini: kualitas sebelum kuantitas!

Ada satu hal lagi yang perlu kita bahas sebelum kita dapat melanjutkan refleksi kita. Sejauh ini, pertimbangan kami selalu didasarkan pada asumsi bahwa Anda menyadari kerugian secara penuh atau keuntungan dalam jumlah yang direncanakan. Tidak ada apa-apa di antaranya. Anda dapat dengan mudah membayangkan bahwa dalam praktiknya Anda juga akan menyadari perdagangan yang akan berada di antara hasil mereka. Ini pada gilirannya adalah pertanyaan tentang manajemen perdagangan, yang akan kita bahas di bab berikutnya, antara lain. Sampai saat itu, kami akan tetap menggunakan pendekatan „salah satu/atau".

Dengan bantuan „Matriks Pengelolaan Uang", ketergantungan dan pengaruh timbal balik dari empat elemen yang berbeda juga dapat digambarkan dan dikenali dengan sangat baik. Bahkan, keduanya secara langsung dan tidak langsung terkait dan mempengaruhi satu sama lain. Jika kita mengubah satu elemen dari matriks kita, kita mengubah hasil keseluruhan. Anda dapat memanfaatkan fakta ini untuk perencanaan hasil keseluruhan Anda.

Seperti apa pengaruh timbal balik ini? Mari kita lihat frekuensi trading Anda, misalnya. Misalkan Anda berencana untuk menggandakan frekuensi perdagangan Anda dari—katakanlah—100 perdagangan menjadi 200 perdagangan. Dengan cara ini Anda menggandakan hasil perdagangan Anda dalam keadaan yang identik.

Trading account	$10,000
Risk in percent	1.0%
Hit rate	50%
Risk/reward ratio	1.5
Risk in US Dollar	$100
Trading frequency	200
Total profit	$5,000

Gambar 34: Elemen-elemen "Matriks Pengelolaan Uang" dalam aksi II. Kami telah menggandakan frekuensi perdagangan.

Apa pengaruhnya terhadap risiko Anda, misalnya? Dalam langkah yang sama, tentu saja, Anda juga menggandakan risiko Anda secara keseluruhan. Jika Anda tidak memasukkan ini dalam pertimbangan Anda, Anda dapat dengan cepat tertinggal.

Mari pertimbangkan poin lain: Dengan asumsi Anda meningkatkan rasio risiko/imbalan yang direncanakan dari 1,5 menjadi 3 dengan efek langsung, apa artinya ini bagi hasil keseluruhan Anda? Ini tentu akan meningkat. Bagaimana menurut Anda—dalam keadaan yang identik—seberapa besar kemungkinan hasil keseluruhan Anda akan berubah?

Trading account	$10,000
Risk in percent	1.0%
Hit rate	50%
Risk/reward ratio	3.0
Risk in US Dollar	$100
Trading frequency	100
Total profit	$10,000

Gambar 35: Elemen-elemen "Matriks Pengelolaan Uang" dalam tindakan III. Kami telah menggandakan rasio risiko/imbalan dari 1,5 menjadi 3 dalam perencanaan kami.

Hasil keseluruhan Anda tidak hanya dua kali lipat, tidak, itu empat kali lipat! Tetapi sebelum Anda terburu-buru dalam antusiasme, mari kita bersikap realistis. Bagaimana perubahan dalam rasio risiko/imbalan yang direncanakan akan memengaruhi hit rate Anda? Kita dapat mengatakan sebelumnya bahwa perubahan rasio risiko/imbalan juga akan menghasilkan perubahan dalam hit rate. Apakah Anda kemudian juga akan mencapai tingkat hit 50% masih dipertanyakan. Seperti yang telah dijelaskan, Anda tidak perlu ini untuk menjadi menguntungkan. Namun, hasil keseluruhan Anda dalam interaksi ini kemungkinan besar akan berada di bawah empat kali lipat yang dicapai di atas.

Lagi pula, apa yang terjadi jika Anda mengubah hit rate Anda? Dengan asumsi Anda dapat meningkatkan hit rate Anda dari 50% menjadi 60%. Dari 100 perdagangan, 60 perdagangan berakhir dengan keuntungan. Ini saja tentu saja akan meningkatkan hasil keseluruhan Anda.

Trading account	$10,000
Risk in percent	1.0%
Hit rate	60%
Risk/reward ratio	1.5
Risk in US Dollar	$100
Trading frequency	100
Total profit	$5,000

Gambar 36: Unsur-unsur "Matriks Pengelolaan Uang" dalam tindakan IV. Kami telah meningkatkan hit rate dari 50% menjadi 60%.

Jika elemen lainnya tetap sama, meningkatkan hit rate Anda dari 50% menjadi 60% memungkinkan Anda menggandakan hasil keseluruhan. Ini berarti bahwa dengan 10 perdagangan yang menang lagi, Anda dapat menggandakan keuntungan Anda! Sayangnya, ini tidak linier. Jika Anda kemudian harus meningkatkan hit rate Anda dari 60% menjadi 70%, hasil Anda berdasarkan perhitungan contoh kami akan menjadi $7.500.

Perkembangan positif dalam „Matriks Pengelolaan Uang" kami memungkinkan kami untuk meningkatkan elemen lainnya juga. Bayangkan Anda meningkatkan frekuensi trading Anda dengan peningkatan hit rate ini! Anda dapat lebih meningkatkan hasil Anda dengan tidak hanya meningkatkan satu komponen tetapi dengan meningkatkan komponen lainnya juga. Kita akan melihat lebih dekat ini di akhir bab ini.

Sebagai kesimpulan, sekarang kami dapat menyatakan bahwa dengan „Matriks Pengelolaan Uang", Anda memiliki instrumen yang kuat di tangan Anda yang dapat digunakan untuk meningkatkan hasil perdagangan Anda ke tingkat yang baru dengan membuat perubahan yang ditargetkan pada masing-masing komponen.!

Lakukan hal-hal baik dengan lebih baik: Cara mengoptimalkan pengelolaan uang Anda dan meningkatkan hasil perdagangan Anda!

Kami telah melihat dari beberapa contoh bahwa Anda dapat mengontrol pengelolaan uang Anda secara tepat dengan empat elemen matriks. Kami sekarang ingin mengambil kesempatan untuk lebih memperdalam perencanaan dan pertimbangan kami dengan tujuan meningkatkan hasil perdagangan Anda dengan cara yang diberikan.

Dalam melakukannya, kami melihat lebih dekat lagi. Elemen mana yang harus kita ubah dan bagaimana untuk mencapai hasil yang lebih baik dalam keadaan yang sama? Di mana kita bisa mengimbangi kelemahan dengan memperdalam elemen yang kuat?

Pembahasan pertanyaan-pertanyaan ini penting bagi Anda, karena ketika menganalisis riwayat perdagangan Anda, Anda tidak hanya akan menemukan poin-poin di mana Anda sudah memiliki kekuatan, tetapi juga menemukan poin-poin yang masih bisa Anda tingkatkan.

Mari kita mulai dengan kekuatan. Di mana kita dapat membangun kekuatan yang ada dan menggunakannya pada gilirannya untuk meningkatkan hasil keseluruhan?

Bayangkan Anda menyadari tingkat hit 60%. Enam dari sepuluh perdagangan ditutup dengan keuntungan. Jika kami tetap berpegang pada parameter kami yang sudah diketahui, ini berarti Anda akan mendapat untung 50% dari akun perdagangan asli Anda!

Sebenarnya, Anda bisa sangat senang dengan itu, bukan? Namun demikian, marilah kita mengambil nilai ini sebagai dasar dari strategi pengoptimalan kita untuk meningkatkan hasil keseluruhan lebih jauh lagi.

Untuk memungkinkan Anda melakukan perhitungan berdasarkan hasil Anda sendiri, kami akan melihat sekilas rumus di balik perhitungan kami:

$$(TF * HR * RRR * R) - (TF * (1 - HR) * R) = Hasil\ perdagangan\ keseluruhan$$

Di mana TF adalah frekuensi perdagangan, HR tingkat hit, RRR rasio risiko/imbalan dan R risiko.

Nilai apa yang sekarang dapat kita sesuaikan untuk meningkatkan hasil dalam keadaan yang sama?

Pertama dan terpenting, frekuensi perdagangan adalah yang paling tepat. Jika Anda membayangkan bahwa Anda hanya perlu melakukan lebih banyak perdagangan—misalnya, 200 alih-alih 100 perdagangan—untuk meningkatkan total keuntungan, maka kedengarannya logis pada awalnya. Namun, Anda perlu menemukan peluang masuk dua kali lebih banyak dengan kualitas yang sama dengan perdagangan Anda sebelumnya. Sejauh mana ini benar-benar layak dipertanyakan. Namun demikian, ini adalah kesempatan untukmu.

Trading account	$10,000
Risk in percent	1.0%
Hit rate	60%
Risk/reward ratio	1.5
Risk in US Dollar	$100
Trading frequency	100
Total profit	$5,000

Trading account	$10,000
Risk in percent	2.0%
Hit rate	60%
Risk/reward ratio	1.5
Risk in US Dollar	$200
Trading frequency	100
Total profit	$10,000

Gambar 37 dan 38: Hit rate 60% sudah menghasilkan total profit 50%. Dengan meningkatkan risiko menjadi 2%, hasilnya juga bisa berlipat ganda.

Kemungkinan lain adalah untuk meningkatkan risiko individu per perdagangan. Ya, Anda membacanya dengan benar! Jika Anda dapat menunjukkan tingkat hit yang jelas positif, Anda dapat meningkatkan risiko Anda. Tentu saja, tidak terbatas, tetapi dengan rasa proporsional. Jadi, Anda pasti bisa meningkatkan risiko dari 1% menjadi 1,5% atau bahkan 2%. Ini akan meningkatkan risiko Anda secara keseluruhan dan Anda harus menyusun rencana tindakan baru di mana Anda menarik garis Anda di bawah kondisi yang disesuaikan. Sebagai akibatnya, bagaimanapun, Anda menerapkan jumlah perdagangan yang sama, merencanakan dan mewujudkan rasio risiko/imbalan yang tidak berubah dan meningkatkan hasil keseluruhan Anda sebesar 50% atau bahkan 100%.

Tentu saja, Anda perlu mengawasi bagaimana strategi Anda berkembang dan Anda mungkin perlu mengubah parameter lagi jika hasilnya menyimpang secara signifikan dari perencanaan Anda. Namun, di bawah kondisi yang disebutkan di atas, Anda dapat secara signifikan meningkatkan hasil keseluruhan Anda dengan cara ini.

Tentu tidak mudah untuk mencapai hit rate 60%. Terutama pada awal karir trading, sulit untuk mencapai hit rate yang menjanjikan hasil keseluruhan yang positif. Mari kita ambil contoh tingkat hit 30%, yang dalam kasus kami mengarah ke hasil keseluruhan yang negatif. Tujuan kami sekarang adalah untuk mencapai hasil keseluruhan yang positif dalam situasi ini. Harus ada "nol" di sini setidaknya! Bagaimana kita bisa mencapai hal ini?

Konsekuensi pertama langsung dari ini sudah jelas. Turun dengan risiko per perdagangan!

Selain mengurangi risiko, ada juga pengurangan rasio risiko/imbalan!

Pembaca peringatan telah mengenalinya. Cukup dengan menyesuaikan rasio risiko/imbalan yang direncanakan ke bawah, hasil keseluruhan akan lebih buruk secara matematis murni dalam keadaan yang tidak berubah. Ini benar dan tetap benar. Tetapi dengan menurunkan rasio risiko/imbalan dan dengan demikian target keuntungan, kami meningkatkan kemungkinan bahwa perdagangan yang dilakukan akan berubah menjadi pemenang—yang pada gilirannya meningkatkan hit rate.

Trading account	$10,000
Risk in percent	1.0%
Hit rate	30%
Risk/reward ratio	1.5
Risk in US Dollar	$100
Trading frequency	100
Total profit	-$2,500

Trading account	$10,000
Risk in percent	0.5%
Hit rate	46%
Risk/reward ratio	1.2
Risk in US Dollar	$50
Trading frequency	100
Total profit	$60

Gambar 39 dan 40: Perubahan rasio risiko/hadiah meningkatkan kemungkinan hit dan dengan demikian meningkatkan hit rate. Pada saat yang sama, risikonya berkurang. Hasilnya, hasil keseluruhan meningkat.

Dalam contoh kami, kami mengurangi risiko per perdagangan hingga setengahnya menjadi 0,5% dari akun perdagangan dan menurunkan rasio risiko/imbalan yang direncanakan menjadi 1,2. Untuk masuk ke zona hijau, kita membutuhkan hit rate sedikit kurang dari 46%. Rasio risiko/hadiah yang lebih rendah berarti kemungkinan ini ada, karena kemungkinan menang meningkat.

Untuk berpindah dari area merah ke area hijau, ini bisa menjadi langkah-langkah yang mungkin dapat kita ambil secara konkrit dari bagian manajemen risiko dan uang. Selain itu, tentu saja, juga tepat untuk menyelidiki alasan strategi perdagangan, metodologi analisis, dan pendekatan pribadi Anda terhadap perdagangan.

Mari kita pertimbangkan poin lain. Mari kita asumsikan bahwa analisis Anda menunjukkan bahwa rasio risiko/imbalan Anda secara keseluruhan adalah 1,2. Anda ingin meningkatkan hasil keseluruhan Anda. Komponen mana yang dapat Anda perkuat untuk ini?

Pada titik ini kami sudah dapat menyatakan bahwa dalam kondisi ini hit rate Anda harus di atas 45% agar menguntungkan. Kemungkinan di atas itu karena Anda akan mengambil kemenangan Anda lebih cepat dan tujuan yang ingin dicapai akan lebih dekat dengan titik masuk Anda.

Demi kesederhanaan, katakanlah Anda mendapatkan hit rate 50% lagi, maka Anda akan menghasilkan keuntungan 10% di akun perdagangan Anda dalam keadaan di atas. Ini lebih dari terhormat dan mengalahkan hasil banyak investor profesional sejauh ini. Untuk lebih meningkatkan keuntungan Anda, tentu saja Anda dapat meningkatkan risiko Anda, meskipun pendekatan moderat lebih disukai dalam kombinasi ini.

Trading account	$10,000
Risk in percent	1.0%
Hit rate	50%
Risk/reward ratio	1.2
Risk in US Dollar	$100
Trading frequency	100
Total profit	$1,000

Trading account	$10,000
Risk in percent	1.5%
Hit rate	50%
Risk/reward ratio	1.2
Risk in US Dollar	$150
Trading frequency	150
Total profit	$2,250

Gambar 41 dan 42: Rasio risiko/imbalan yang rendah dapat diimbangi dengan meningkatkan frekuensi perdagangan dan peningkatan risiko yang moderat.

Kemungkinan lain adalah untuk meningkatkan jumlah perdagangan. Sekarang kita telah membahas poin kritis ini di atas, tetapi masih ada kemungkinan untuk meningkatkan hasil Anda. Dalam hal ini, jalan tengah dapat berupa sedikit peningkatan risiko, misalnya 1,5% dan peningkatan frekuensi perdagangan. Misalnya, peningkatan 50 lebih banyak perdagangan yang dieksekusi. Akibatnya, Anda memiliki lebih dari dua kali lipat keuntungan Anda. Ukuran kecil, efek besar.

Kami dapat tetap berpegang pada pandangan kami tentang risiko dan frekuensi perdagangan dan mempertimbangkan bagaimana kami dapat mengoptimalkan hasil keseluruhan kami jika kami memasuki pasar hanya dengan sedikit risiko. Kami tidak membutuhkan tabel untuk ini untuk dapat mengatakan sebagai aturan praktis bahwa dengan risiko kecil yang akan diambil per posisi, kami juga memiliki kemungkinan untuk berdagang lebih sering dan lebih agresif. Dengan kata lain, selama rasio risiko/imbalan yang kita realisasikan tetap setidaknya 1. Jika turun di bawah itu, kita harus memikirkan kembali strategi kita dalam hal apa pun.

Mari kita masuk ke contoh terakhir dari refleksi kita. Bayangkan Anda telah mengembangkan strategi yang memberi Anda rasio risiko/imbalan sebesar 2,5 pada akhir tahun perdagangan. Tentunya Anda dapat menghargai hasil ini sesuai dengan contoh kami sebelumnya. Parameter Anda yang lain tetap tidak berubah. Apa lagi yang bisa Anda ubah untuk meningkatkan hasil keseluruhan?

Mari kita membahas „Matriks Pengelolaan Uang" bersama: Frekuensi perdagangan? Ya, mungkin. Namun, ada batasan alami untuk gaya trading Anda. Jika Anda adalah seorang trader posisi, maka Anda tidak dapat mengeksekusi beberapa ratus perdagangan sekaligus per tahun. Tetapi peningkatan mungkin 10%. Untuk melakukan ini, Anda mungkin perlu pindah ke pasar atau saham baru yang juga Anda masukkan ke dalam analisis Anda.

Bagaimana dengan hit ratenya? Sampai sejauh mana yang satu ini masih bisa dibalik? Karena rasio peluang-risiko realisasi tinggi Anda, hit rate Anda pasti tidak akan melebihi kisaran tertentu. Mungkin Anda masih bisa mendapatkan beberapa poin persentase melalui analisis yang tepat, tetapi peningkatan besar kemungkinan besar tidak akan mungkin dilakukan.

Tingkat hit dan frekuensi perdagangan pada akhirnya akan menemukan batas alaminya. Terutama frekuensi perdagangan tidak dapat ditingkatkan tanpa batas, karena dari titik di mana Anda memasuki setiap perdagangan yang berada di bawah kunci Anda, ini akan memiliki efek langsung pada hit rate Anda. Tingkat hit Anda kemudian akan turun lagi. Frekuensi perdagangan Anda pada akhirnya ditentukan oleh peluang spesifik di mana tingkat hit Anda pada akhirnya bergantung.

Trading account	$10,000
Risk in percent	1.0%
Hit rate	50%
Risk/reward ratio	2.5
Risk in US Dollar	$100
Trading frequency	100
Total profit	$7,500

Trading account	$10,000
Risk in percent	2.5%
Hit rate	55%
Risk/reward ratio	2.5
Risk in US Dollar	$250
Trading frequency	110
Total profit	$25,438

Gambar 43 dan 44: Rasio risiko/imbalan yang terealisasi tinggi memungkinkan risiko yang lebih tinggi.

Sehingga masih menyisakan resiko. Dengan hit rate 50%—seperti yang diasumsikan secara umum—dan rasio risiko/reward sebesar 2,5, jalan untuk tindakan yang lebih agresif menjadi jelas. Dalam hal ini, Anda dapat meningkatkan risiko Anda, karena Anda akan secara teratur menerima kelipatan kembali.

Pada akhirnya, peningkatan risiko juga merupakan satu-satunya parameter yang dapat Anda tentukan dengan bebas sepenuhnya dan mandiri. Selalu jaga proporsi di sini, karena setiap reli memiliki akhir, tetapi untungnya setiap pasar bearish juga demikian.

Kami dapat menyimpulkan pertimbangan kami tentang „Matriks Pengelolaan Uang", tetapi bukan tanpa kata penutup. Anda harus mengetahui „Matriks Manajemen Uang" sebagai alat berharga yang membantu Anda mengoptimalkan hasil perdagangan Anda. Anda harus mengetahui masing-masing komponen dan menyetel sekrup dan kami bekerja melalui beberapa skenario bersama untuk melihat bagaimana Anda dapat meningkatkan hasil Anda dalam situasi yang berbeda dengan parameter individual. Ini adalah pengelolaan uang aktif di tingkat tertinggi. Ini memberi Anda kesempatan untuk menyesuaikan perdagangan Anda dengan situasi Anda sendiri dan menggunakan modal perdagangan Anda secara efektif dan menguntungkan. „Matriks Pengelolaan Uang" bukanlah pendekatan ilmiah, tetapi sumber inspirasi untuk pertimbangan Anda sendiri. Ide dari matriks ini adalah untuk menunjukkan kepada Anda pilihan untuk mempertimbangkan kebutuhan pribadi Anda saat merencanakan dan mengimplementasikan perdagangan Anda. Oleh karena itu, penting bagi Anda untuk melakukan analisis lebih lanjut dan mengembangkan ide-ide Anda sendiri tentang bagaimana „Matriks Pengelolaan Uang" pribadi Anda harus dirancang untuk bekerja untuk Anda. Anda sudah harus mengetahui pendekatan pertama. Bola ada di pengadilan Anda.

Akhirnya, kami ingin pergi ke latihan, di mana tiga pedagang kami sudah menunggu untuk mempresentasikan pemikiran dan hasil mereka. Dalam tradisi lama, Rick memulai:

Saya tidak berpikir saya membutuhkan begitu banyak perencanaan untuk perdagangan saya. Pada pemeriksaan lebih dekat, bagaimanapun, ini masuk akal bagi saya. Saya lebih dari tipe spontan. Jadi, penting bagi saya untuk memiliki rencana yang dapat dan harus saya patuhi. Saya sudah melakukan ini secara rinci, tetapi secara keseluruhan, masih ada kebutuhan untuk bertindak. Terutama ketika saya berpikir untuk merekam perdagangan saya secara teratur. Sebagai pedagang harian, sudah ada beberapa perdagangan dalam seminggu dan sebulan. Secara total, saya membuka dan menutup hampir 1.000 perdagangan tahun lalu. Saya meluangkan waktu untuk membuat daftar perdagangan saya dan membuat statistik yang tepat. Secara keseluruhan, saya telah mendapatkan banyak pengalaman dalam trading. Ini statistik saya:

Trading account	$5,000
Risk in percent	1.0%
Hit rate	44%
Risk/reward ratio	1.3
Risk in US Dollar	$50
Trading frequency	982
Total profit	$589

Gambar 45: Statistik perdagangan Rick setelah satu tahun dan 982 perdagangan yang dieksekusi.

Saya belum benar-benar sampai sejauh itu. Meskipun insting saya salah di sini, dalam persentase, saya telah menghasilkan lebih dari 11% keuntungan. Saya mungkin juga bangga akan hal itu. Namun, saya telah melewatkan tujuan keseluruhan saya sejauh ini. Saya sudah menduga bahwa saya tidak akan sejauh itu dengan jumlah saya yang berisiko, tetapi saya telah berjanji pada diri sendiri sesuatu yang lebih. Namun, ketika saya melihat hasilnya, saya sebenarnya bisa sedikit meningkat. Oleh karena itu, risiko posisi saja bukan satu-satunya faktor.

Saya perhatikan bahwa rasio risiko/imbalan yang saya realisasikan di bawah yang saya rencanakan. Saya telah menetapkan sendiri rasio risiko/imbalan yang direalisasikan sebesar 1,5 dan hanya mencapai 1,3. Memang, saya baru saja keluar terlalu dini—secara manual, pada satu atau lain perdagangan—tetapi saya tidak pernah berpikir bahwa itu akan memiliki efek seperti itu!

Saya masih harus bekerja pada tingkat hit saya. Di sinilah saya ingin mendekati 50%! Meskipun saya sudah positif dengan hasil saya 44%, saya hanya harus memukul lebih sering dengan rasio risiko/imbalan yang rendah. Satu hal yang pasti: saya harus mempertimbangkan kembali hasil yang saya rencanakan sebesar $500 per bulan atau meningkatkan komponen individual dari "Matriks Pengelolaan Uang". Sebaiknya keduanya.

Kabar baiknya adalah saya sekarang memulai dengan akun yang lebih dari 11% lebih besar, karena keuntungan akan tetap ada di akun trading saya untuk saat ini. Di masa mendatang, saya juga akan menyesuaikan perhitungan saya untuk ukuran posisi setiap bulan sehingga saya dapat memasukkan ukuran akun saat itu dengan benar. Dengan melakukan itu, saya dapat menempatkan tuas ekstra di sini.

Untuk mencapai tujuan saya, saya telah menyusun rencana berikut. Mendampingi ini saya akan lebih memperdalam pengetahuan saya dalam analisis teknis.

Trading account	$5,589
Risk in percent	1.0%
Hit rate	48%
Risk/reward ratio	1.3
Risk in US Dollar	$56
Trading frequency	1,000
Total profit	$5,813

Gambar 46: Rencana baru Rick menurut komponen yang dicapainya dari "Matriks Pengelolaan Uang".

Saya membayangkan bahwa saya dapat menyesuaikan ekspektasi saya dengan rasio risiko/imbalan. Saya hanya tidak sabar dan terutama dalam perdagangan forex itu bisa bolak-balik sedikit. Itulah mengapa 1.3 sekarang secara resmi menjadi target saya. Saya juga berpegang pada frekuensi perdagangan 1.000 perdagangan, karena itu juga bekerja dengan cukup baik di masa lalu. Saya memiliki tujuh pasangan mata uang yang sedang diamati, yang berarti saya dapat mengharapkan untuk membuat sekitar 140 perdagangan per pasangan mata uang setahun. Hal ini dapat dicapai.

Dengan mengoreksi rasio risiko/hadiah yang saya rencanakan ke bawah, saya meningkatkan kemungkinan saya akan meningkatkan hit rate saya.

Saya membayangkan bahwa pada langkah pertama ini akan membawa saya mendekati 48%. Dengan peningkatan pengetahuan saya tentang analisis teknis, saya juga akan dapat menghasilkan analisis yang lebih baik. Jika saya dapat menerapkan ini sedemikian rupa, maka saya juga akan mencapai tujuan yang saya rencanakan. Saya sangat bersemangat tentang itu!

Rick telah merencanakan target yang sangat ambisius dari keuntungan 120%. Sekarang dia telah mendarat di lebih dari 11%, yang sudah sangat terhormat. Lebih jauh lagi, Rick juga menjelaskan bahwa hit rate tidak harus 50% untuk trading secara menguntungkan. Rasio risiko/reward yang direalisasikannya sebesar 1,3 juga di bawah nilai targetnya, tetapi dalam kombinasi dengan hit rate dia berada di zona hijau. Penting untuk dicatat bahwa dengan kombinasi ini dia bergerak di ujung pisau. Jika hit rate-nya turun di bawah 44%, Rick berisiko tergelincir ke dalam kerugian keseluruhan. Oleh karena itu, pendekatannya untuk meningkatkan hit rate di masa depan adalah langkah yang tepat. Idenya untuk menurunkan rasio risiko/imbalan yang direncanakan menjadi 1,3 juga masuk akal baginya. Terutama jika dia bertindak agresif dan agak tidak sabar, dia hampir tidak akan bisa mencapai lebih banyak. Pada saat yang sama, ia dapat meningkatkan kemungkinan pemenangnya. Kita sudah bisa melihat dalam perhitungan bahwa Rick mendekati tujuannya dengan cara ini. Dalam kasus positif, dia bahkan akan mendapatkan di atasnya, karena dia menyesuaikan perhitungan ukuran posisinya setiap bulan dengan ukuran akun saat ini.

Sebagai kesimpulan, kita dapat menyatakan bahwa bahkan perubahan kecil dalam hit rate, yaitu dari 44% menjadi 48%, memiliki efek yang sangat besar pada hasil keseluruhan. Untuk itu, selalu perhatikan kualitas posisi Anda yang akan dibuka! Lebih jauh lagi, sungguh luar biasa bagaimana bahkan posisi kecil dengan risiko kecil dapat mencapai hasil yang besar selama frekuensi perdagangan.

Sebelum kita melanjutkan ke Anna, sedikit tentang hasil keseluruhan Rick. Meskipun dia telah tampil sangat baik dengan total keuntungan 11%, dia tidak puas dengan hasil mutlak yang dicapai. Di satu sisi hal ini bisa dimaklumi, karena bagaimanapun juga dia pasti mengharapkan lebih banyak pekerjaan. Di sisi lain, akun perdagangan seperti Rick dengan cepat mencapai batasnya. Ini bukan untuk mengatakan bahwa perdagangan profesional tidak bekerja dalam keadaan ini. Sebaliknya, memang demikian. Ini hanya berarti bahwa hasil mutlak yang dicapai harus selalu ditempatkan dalam kaitannya dengan titik awal. Bayangkan jika Rick membuka akun dengan modal perdagangan $500.000, bukan akun dengan $5.000. Dengan persentase keuntungan yang sama yaitu sekitar 11%, maka hasil absolutnya akan berbeda secara signifikan. Untuk alasan ini, jangan disesatkan oleh hasil yang dianggap kecil. Itu selalu persentase hasil yang diperhitungkan untuk analisis. Selalu jaga proporsi di sini juga!

Bagaimana pengalaman bersama Anna? Hasil apa yang bisa dia tunjukkan kepada kita?

Karena perdagangan Apple sudah memakan waktu beberapa bulan dan masih berjalan, saya tentu saja tidak dapat melakukan perdagangan sebanyak Rick. Namun, perdagangan lain sudah lebih cepat pada target atau stop loss, sehingga juga membuat perbedaan. Saya telah menetapkan sendiri risiko total $2.500 sebagai batas. Bagi saya, ini berarti tidak hanya mampu menangani serangkaian kerugian secara profesional tetapi juga melakukan beberapa perdagangan secara paralel. Sebenarnya, saya dapat menempatkan risiko total saya di pasar sekaligus dengan memegang sepuluh posisi dengan risiko masing-masing satu persen. Namun, jika kesepuluh posisi berakhir dengan kerugian sekaligus, saya sudah selesai berdagang. Oleh karena itu saya telah memilih jalan tengah dan telah menetapkan sendiri maksimal lima gelar individu untuk dipegang dalam portofolio saya pada saat yang sama. Ini memberi saya ruang untuk bermanuver jika kelimanya berakhir dengan kerugian. Saya selalu memvariasikan risiko yang akan diambil per perdagangan antara 1% dan 1,5%, jika cocok. Saya juga tidak selalu mencapai rasio risiko/ reward target saya sebesar 2,5. Ini terutama karena saya tidak melihat kemungkinan mencapai ini di beberapa posisi. Sebaliknya, ada banyak perdagangan di mana saya pikir sangat mungkin untuk mencapai 1,5 dan 2,0. Jadi, saya berada di antara 1,5 dan 2,5 kali rasio risiko/imbalan *dalam perdagangan tunggal. Secara keseluruhan, ini memberi saya 1,8 yang memuaskan dalam hal rasio risiko/imbalan yang direalisasikan. Risiko individu saya, seperti yang saya katakan, adalah antara 1% dan 1,5% dari akun trading saya. Secara total, saya memiliki risiko individu rata-rata 1,24%. Secara keseluruhan, saya dapat melihat kembali 26 perdagangan yang saya buka dan tutup tahun lalu. Tingkat hit saya sangat bagus. Saya memiliki 58% pemenang dalam portofolio. Hasil keseluruhan saya di atas angka target saya, yang menegaskan tindakan saya.*

Trading account	$25,000
Risk in percent	1.24%
Hit rate	58%
Risk/reward ratio	1.8
Risk in US Dollar	$310
Trading frequency	26
Total profit	$5,029

Trading account	$30,029
Risk in percent	1.30%
Hit rate	60%
Risk/reward ratio	2.0
Risk in US Dollar	$390
Trading frequency	30
Total profit	$9,369

Gambar 47 dan 48: Hasil Anna setelah 26 perdagangan dalam satu tahun dan pengoptimalannya berdasarkan ini.

Saya tidak melihat kebutuhan nyata untuk pengoptimalan saat ini, jadi saya melihat "Matriks Pengelolaan Uang" untuk peluang pertumbuhan dasar. Saya pikir saya akan menjaga semua parameter tetap sama, tetapi saya akan melihat apakah saya dapat melakukan beberapa perdagangan lagi dan saya juga akan sedikit meningkatkan risiko posisi rata-rata saya. Bagi saya, ini berarti saya sering mengambil 1,5% dari akun trading saya sebagai risiko posisi. Selain itu, saya bermaksud untuk menaikkan target keuntungan saya lagi, sehingga saya mencapai rasio risiko/imbalan sebesar 2,0 secara keseluruhan. Saya ambisius dalam hal hit rate dan akan menggunakan semua keahlian saya untuk memimpin 60% dari perdagangan saya untuk mendapatkan keuntungan. Langkah-langkah ini, bersama dengan akun perdagangan saya yang berkembang, akan membawa saya lebih jauh. Omong-omong, saya dapat menyesuaikan basis perhitungan setelah setiap perdagangan, sehingga saya dapat memperoleh beberapa poin persentase lagi.

Pendekatan Anna adalah pendaratan yang tepat. Dia memasuki pasar dengan lebih banyak risiko di mana dia melihat peluang dan mengambil sikap bertahan di mana peluangnya tidak begitu jelas. Sebagai hasilnya, dia telah mencapai tujuannya dan menghasilkan keuntungan 20% yang baik—ini dengan rasa proporsi dalam risiko individu dan keseluruhan. Tentu saja, pasar harus ikut bermain, tetapi jika tidak, hit rate dengan cepat turun kembali ke kisaran tengah. Namun demikian, ketika berjalan, itu berjalan dan Anna telah menyesuaikan diri dengannya. Penyesuaian rasio risiko/ imbalan yang diinginkan dengan kondisi pasar tentu juga berperan dalam keberhasilannya.

Bagi Anda, ini berarti sekali lagi menjaga rasa proporsional dan mempertimbangkan apa yang Anda inginkan dan apa yang mungkin. Ini hanya harus ditekankan lagi pada titik ini!

Seperti biasa, kami bertanya kepada Peter bagaimana dia melakukannya dengan perdagangannya dan hasil apa yang dia capai.

Saya memiliki tas campuran. Saya telah mempresentasikan perdagangan kepada Anda dan sebenarnya saya memiliki serangkaian pemenang setelahnya, yang memperkuat kepercayaan diri saya. Saya pikir saya telah mencapai tujuan saya secara keseluruhan, tetapi sayangnya *serangkaian kekalahan dimulai sejak saat itu. Hal ini juga tercermin dalam hit rate sebesar 39%. Ini menjengkelkan, tentu saja, tetapi intinya adalah saya telah mendapat untung. Saya mengalami banyak pasang surut di akun saya dalam satu tahun itu dan saya ragu lebih dari sekali. Jika Anda terus membuat kerugian, itu tidak menyenangkan lagi. Tapi pada akhirnya, saya akhirnya mendapatkan tindakan saya bersama-sama. Rasio risiko / imbalan yang saya sadari sebesar 1,67 membantu saya untuk bertahan dari periode yang goyah ini. Meskipun saya telah dengan tegas memutuskan untuk tidak mengganggu perdagangan saya, saya tidak dapat menahan diri dan menutup banyak perdagangan secara manual—baik karena saya ingin meraih kemenangan atau menghindari kerugian. Ini juga menjelaskan mengapa saya melewatkan target saya dengan rasio risiko/imbalan yang direalisasikan sebesar 2.0. Namun demikian. Saya terjebak dengannya, karena dengan risiko yang dapat saya kelola, saya selalu bisa bersemangat tentang perdagangan baru bahkan setelah serangkaian kerugian. Dan saya pikir itulah yang terpenting: Berpegang teguh pada itu dan teruskan! Secara total saya melakukan delapan puluh tujuh perdagangan dan, pada akhirnya, saya bisa melihat kembali keuntungan sedikit lebih dari $400. Mulai sekarang hanya bisa naik!*

Trading account	$15,000
Risk in percent	0.75%
Hit rate	39%
Risk/reward ratio	1.67
Risk in US Dollar	$113
Trading frequency	87
Total profit	$404

Trading account	$15,404
Risk in percent	0.75%
Hit rate	45%
Risk/reward ratio	2.00
Risk in US Dollar	$116
Trading frequency	60
Total profit	$2,426

Gambar 49 dan 50: Hasil Peter setelah setahun mengalami pasang surut. Meskipun ia mencapai tingkat hit hanya 39%, ia mampu menutup tahun perdagangan dengan catatan positif berkat rasio risiko/imbalan yang direalisasikannya sebesar 1,67. Untuk optimasi Peter telah memberikan penekanan khusus pada rasio risiko/imbalan dan hit rate.

Untuk tahun mendatang, saya telah menyiapkan "Matriks Manajemen Uang" saya sedemikian rupa sehingga saya, tentu saja, akan terus mengambil risiko yang siap saya ambil. Itu pasti membantu saya di dalam! Saya ingin bekerja keras pada rasio hit saya. Naik dari 39% menjadi 45% adalah peningkatan yang sangat besar, tetapi saya akan bekerja lebih keras lagi pada metode analisis dan yang terpenting, saya akan lebih memperhatikan kualitas perdagangan saya. Hal ini kemudian juga tercermin dari berkurangnya frekuensi perdagangan. Saya lebih suka melewatkan perdagangan yang tidak begitu saya yakini dan berkonsentrasi penuh pada perdagangan yang menjanjikan dengan kemungkinan menang yang tinggi. Beginilah cara saya membayangkan mencapai rasio risiko/imbalan 2.0, seperti yang saya rencanakan. Tentu saja, ini mengharuskan saya menahan diri selama perdagangan dan membiarkan perdagangan itu sendiri. Dengan melakukan itu, bagaimanapun juga, saya akan mencapai tujuan saya.'

Peter telah mempelajari dua aturan terpenting dalam trading. Tidak ada kemenangan beruntun yang bertahan selamanya dan hanya mereka yang melanjutkan yang pada akhirnya bisa melangkah lebih jauh. Untuk alasan ini sangat penting untuk menentukan risiko posisi Anda sesuai dengan kebutuhan Anda sendiri. Nomor kaku tidak akan membantu Anda di sana; terserah kamu. Ambil jumlah di mana Anda bersedia untuk melanjutkan selama dan setelah kekalahan beruntun. Ini adalah satu-satunya cara untuk keluar dari kekalahan beruntun. Lanjut . . . dengan rasa proporsi dan strategi, tapi terus berjalan. Tetap pada bola, cari peluang Anda dan kemudian buka posisi baru sesuai rencana. Peter juga menyinggung hal yang sama persis seperti yang telah kita diskusikan. Dia telah mengganggu perdagangannya dan ada baiknya dia sekarang berniat untuk berhenti melakukan hal itu. Yang menarik dari hasil Peter adalah meskipun hit rate yang relatif rendah, ia mencapai hasil yang positif, yang pada gilirannya disebabkan oleh rasio risiko/ imbalan yang direalisasikannya. Jadi, ketika dia mengatakan bahwa inilah yang ingin dia tingkatkan di masa depan, maka itu adalah dorongan yang tepat. Peter memecahkan dilema antara hit rate yang tinggi dan rasio risiko/imbalan yang lebih tinggi dengan mencoba meningkatkan kualitas perdagangannya. Dia ingin bertindak kurang sesuai. Masih harus dilihat, tentu saja, apakah ini akan berhasil. Namun demikian, selalu merupakan ide yang baik untuk selektif dan kritis dalam memilih posisi.

Ringkasan singkat dari fakta yang paling penting:

> Hit rate dan frekuensi trading adalah elemen penting dari pengelolaan uang profesional dan melengkapi pertimbangan manajemen risiko.

> Hit rate dan frekuensi trading saja tidak relevan. Hanya dalam kombinasi dengan elemen lain mereka dapat dianalisis secara bermakna.

> Risiko, rasio risiko/hadiah, hit rate, dan frekuensi perdagangan dapat digabungkan untuk membentuk "Matriks Pengelolaan Uang".

> "Matriks Pengelolaan Uang" menunjukkan bahwa keempat elemen tersebut saling bergantung secara langsung dan tidak langsung.

> Kelemahan dalam satu variabel dapat dikompensasikan dengan kekuatan pada variabel lainnya.

> Semakin tinggi rasio risiko/reward yang direalisasikan, semakin rendah hit rate dan sebaliknya.

> Frekuensi perdagangan yang tinggi dapat mengimbangi rasio risiko/reward realisasi yang rendah.

> Dengan hit rate yang tinggi, risiko dapat ditingkatkan selama rasio risiko/reward yang direalisasikan lebih besar dari 1.

> Rasio risiko/reward yang terealisasi sebesar 1,5 adalah titik awal yang baik dan memastikan keuntungan secara keseluruhan, bahkan jika hit rate di bawah 50%.

BAB 6:
Manajemen Risiko
dan Uang 2.0

Sampai saat ini, kami telah menangani secara intensif semua aspek yang relevan dari manajemen risiko dan uang. Anda sekarang seorang profesional dalam manajemen risiko dan uang dan jauh di depan massa di pasar. Namun demikian, masih ada beberapa ruang untuk perbaikan. Meskipun poin yang ditunjukkan sejauh ini cukup sempurna untuk membuat perdagangan menguntungkan dalam jangka panjang, ini tidak berarti bahwa kami tidak dapat melakukan lebih baik lagi.

Pada titik ini, kami ingin memperluas pengelolaan uang untuk memasukkan „manajemen perdagangan" dan mendiskusikan berbagai cara di mana Anda dapat meningkatkan hasil Anda sambil menjaga risiko per posisi tidak berubah.

Kami akan membahas topik stop-loss, variasi entri dan keluar, dan langkah-demi-langkah masuk dan keluar dari posisi. Selain mengoptimalkan „Matriks Manajemen Uang", strategi ini akan membantu kami mencapai hasil terbaik dengan perdagangan kami.

Tetapi juga, investor yang tidak ingin menjual posisinya, tetapi pada saat yang sama tidak mau menerima risiko yang tidak proporsional jika terjadi kerugian, akan menemukan metode pembatasan kerugian yang menarik dalam bab ini.

Batasan atau biarkan berjalan? Apa pengaruh trailing stop terhadap risiko dan pengelolaan uang Anda?

Dalam pembahasan pembatasan kerugian dalam manajemen risiko, kita telah membahas stop loss. Dengan stop loss, kami menandai titik di mana kemungkinan strategi kami tidak lagi berfungsi. Pada titik ini, tidak masuk akal lagi untuk tetap pada posisi dan berspekulasi tentang hasil yang positif—stop loss secara otomatis membatasi kerugian kita dengan direalisasikan secara langsung.

Kami selalu berasumsi dalam pertimbangan kami bahwa stop loss ditempatkan di pasar dan tetap di sana tidak berubah sampai dipicu atau dibubarkan karena perdagangan mencapai target keuntungan. „Either-or" adalah premisnya. Kami akan mengubahnya sekarang. Sementara kami sejauh ini melihat stop loss secara eksklusif dari perspektif manajemen risiko, kami sekarang memperluas pandangan kami ke manajemen perdagangan profesional. Bagian penting dari manajemen perdagangan profesional adalah membuat keputusan apakah dan sejauh mana stop loss dipindahkan selama perdagangan.

Pada tahap ini, kita seharusnya sudah memiliki kejelasan tentang arti dan tujuan dari trailed stop loss. Tentu saja, kami memindahkan stop loss secara eksklusif untuk mengamankan akumulasi keuntungan. Kami tidak memindahkan stop loss untuk meningkatkan kemungkinan kerugian. Oleh karena itu, hanya ada satu arah di mana stop loss dipindahkan atau diperketat: menuju profit. Dengan cara ini, stop loss awal menjadi trailing stop.

Anda dapat dengan mudah membayangkan bahwa ada banyak pendekatan untuk menggunakan trailing stop. Pendekatannya sama banyaknya dengan jumlah pedagang di pasar.

Sekarang kita ingin membahas trailing stop secara umum. Sejauh mana masuk akal untuk mengikuti stop loss? Sudah, pada titik ini, pendapat di antara para pedagang berbeda. Sementara beberapa dari mereka mulai tertinggal setelah poin pertama, yang lain membiarkan stop loss tidak berubah sampai mereka mendekati target. Orang lain tidak melakukan semua ini. Mereka membiarkan stop loss mereka tidak berubah sampai perdagangan ditutup baik untung atau rugi. Jika Anda mempertanyakan ketiganya tentang siapa yang melakukannya dengan cara yang benar, masing-masing akan mengklaim benar.

Ini saja menunjukkan kepada Anda bahwa trailing stop bukanlah topik matematika murni, melainkan topik emosional. Ini juga tentang menangani kerugian dan tanggung jawab atas keputusan sendiri. Hal ini sering ditunjukkan oleh fakta bahwa pedagang menggeser trailing stop begitu dekat dengan harga saat ini sehingga mereka sudah terlempar keluar dari perdagangan pada saat berikutnya. Kalau dipikir-pikir, mudah untuk mengatakan: "Saya ingin melepaskan perdagangan, tetapi harga masuk ke trailing stop saya dan jadi saya harus menutup posisi." Dengan cara ini, keputusan tentang bagaimana melanjutkan dengan mudah diserahkan ke pasar. Akibatnya, ini berarti bahwa para pedagang melalaikan tanggung jawab mereka sendiri untuk perdagangan dan pada saat yang sama menghindari keputusan yang konsisten. Jelas bahwa ini bukan bagian dari perdagangan profesional dan perencanaan sukses yang nyata. Oleh karena itu, pada saat ini disarankan untuk menggunakan trailing stop dengan rasa proporsional. Perlindungan keuntungan dan batasan kerugian: Ya! Outsourcing keputusan: Tidak.

Dengan mengingat hal ini, mari kita lihat dua teknik khusus untuk menggunakan trailing stop.

Metode pertama sekali lagi tentang analisis grafik. Sama seperti kami menggunakan analisis teknis untuk menentukan batasan stop loss untuk kerugian saat merencanakan perdagangan, kami juga mencari poin yang sesuai dalam grafik untuk trailing stop yang memenuhi kriteria yang sama. Di sini juga, kita harus bertanya pada diri sendiri pertanyaan di titik mana dalam grafik probabilitas tidak lagi diberikan bahwa perdagangan akan ditutup dengan keuntungan.

Titik-titik ini secara teratur merupakan titik rendah yang sesuai dari gerakan naik dan titik tinggi yang sesuai dari gerakan ke bawah.

Mari kita ilustrasikan ini dengan gambar grafik:

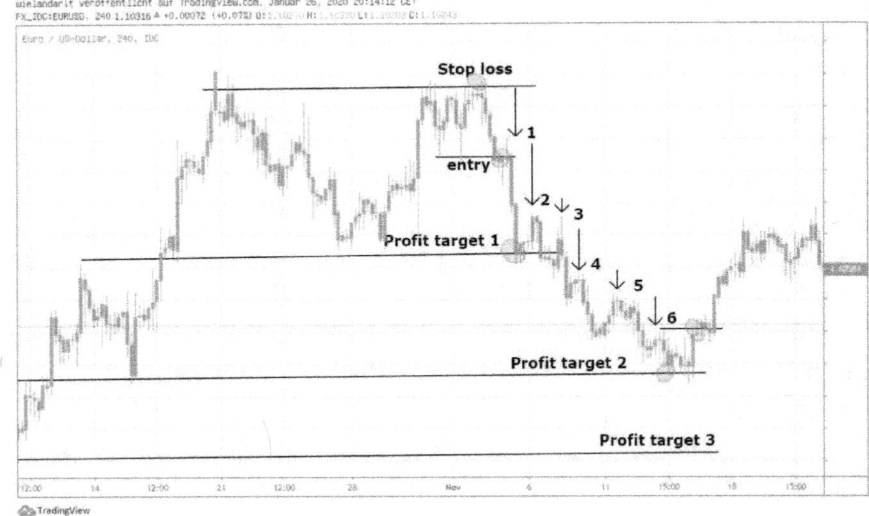

Gambar 51: EUR/USD, grafik 4 jam (satu lilin = 4 jam). Setelah reli yang curam, pasangan ini membangun puncak dan resistensi yang kuat dan membentuk kisaran perdagangan antara $1.11798 dan $1.10701. Setelah rebound terakhir dari resistance, short-trade dibuka untuk mendapat untung dari Euro yang jatuh. Setelah membuka posisi, harga turun secara dinamis ke support dari kisaran dan selanjutnya ke support berikutnya $1.09936. Stop loss mengikuti selama perdagangan dari satu tinggi yang lebih rendah ke yang lain. Perdagangan ditutup sebagian ketika target 1 dan 2 tercapai. Sepertiga terakhir ditutup ketika trailing stop di titik 6 tercapai. Sumber: www.tradingview.com

Kami melihat EUR/USD di grafik 4 jam. Setelah reli hingga $1,11830, pasangan ini membangun resistensi di area tersebut, yang telah diuji beberapa kali. Dengan koreksi pertama dari reli sebelumnya, support dibangun yang kemudian diuji dua kali. Setelah pasangan mata uang tidak berhasil menembus resistance tetapi membangun sedikit triple-top, jelas bahwa uptrend telah berakhir. Titik masuk ke dalam perdagangan singkat adalah penembusan di bawah titik terendah dari triple-top. Setelah harga menembus support kecil ini, posisi harus dibuka. Harga masuk saat ini adalah $1,11287. Kami menempatkan stop loss awal untuk membatasi kerugian di atas resistance $1,11810. Seperti yang Anda lihat, kami menambahkan beberapa pips tambahan untuk keamanan kami. Risiko awal kami pada pembukaan posisi adalah 51 pips. Kami dapat menemukan target profit pertama kami di kisaran terendah di $1,10701. Dari masuk ke target kami, kami memiliki potensi 58 pips, yang memberikan rasio risiko/imbalan yang direncanakan sebesar 1,13. Tidak terlalu banyak, tapi mungkin kita bisa lebih. Sekilas pada grafik juga mengungkapkan bahwa kita memiliki peluang untuk dua target profit lagi, karena ada support di $1.09936. Pada titik ini, kita dapat keluar dari bagian lain dari posisi kita dengan keuntungan 135 pips dan oleh karena itu rasio risiko/imbalan 2,64. Target profit ketiga ada di level support berikutnya di $1,09437. Jika harga turun ke titik ini, kami akan keluar dari bagian ketiga dari posisi kami dan menutup perdagangan untuk selamanya. Harap dicatat bahwa kemungkinan untuk mencapai target keuntungan pertama secara signifikan lebih tinggi daripada mencapai yang kedua dan bahkan yang ketiga.

Setelah membuka perdagangan, harga pasangan mata uang bergerak secara dinamis ke bawah dan kita langsung berada pada target keuntungan pertama yang keluar dari posisi sepertiga pertama kita. Seperti yang diharapkan, harga memantul di sana dan membentuk lower high di titik 1. Kami ingin mengambil kesempatan untuk menyesuaikan stop loss kami ke level ini. Tapi di mana tepatnya?

Dorongan pertama pasti akan mengikuti stop loss tepat di atas harga tertinggi di grafik. Dan inilah alasan mengapa trailing stop sering kali disertai dengan hasil yang tidak memuaskan. Jika kita menempatkan stop loss terlalu dekat dengan harga, kita meningkatkan kemungkinan stop loss akan terpicu saat pasar menguji level sebelumnya lagi.

Oleh karena itu, selalu berikan ruang antara stop loss Anda dan harga tertinggi atau terendah terakhir. Bahkan dengan risiko mengambil posisi yang lebih kecil, prosedur ini akan menyelamatkan Anda dari banyak kerugian perdagangan. Hanya karena pasar masih memiliki ruang untuk bergerak dan bernafas.

Oleh karena itu, kami tidak menempatkan trailing stop kami langsung di atas tertinggi yang ditandai di $1,10929, tetapi 5 pip di atasnya di $1,10979. Terutama di grafik 4 jam, 5 pip hampir tidak terlihat. Dalam kerangka waktu yang lebih kecil, tentu saja, semuanya terlihat berbeda. Ada 5 pips yang sudah dapat menghasilkan seluruh keuntungan dari sebuah perdagangan. Oleh karena itu, jaraknya harus lebih kecil—2 pips mungkin cukup. Jika Anda ingin memastikan Anda tidak berhenti, tambahkan beberapa pips lagi.

Dengan adanya trailing stop, situasi kami secara keseluruhan telah berubah. Kami sekarang tidak lagi memiliki stop limit loss, tapi stop protection profit! Stop loss baru kami sudah 30 pips lebih rendah dari harga masuk kami. Situasi yang sangat nyaman!

Target keuntungan kedua dicapai melalui serangkaian tertinggi dan terendah yang lebih tinggi. Bagi kami, ini adalah kesempatan bagus lainnya untuk mengencangkan stop loss lagi dan lagi. Bukan ke $1.10203 pada poin 6, tapi ke $1.10253. Bagaimanapun, kami ingin mengamankan keuntungan! Artinya—apapun yang terjadi—kita sudah untung 103 pip dengan 2/3 dari posisi kita.

Pada akhirnya, kesabaran kami terbayar karena target laba kedua kami tercapai di $1.09936; sepertiga kedua dari posisi ditutup dengan keuntungan 135 pips dan rasio risiko/imbalan 2,64. Dengan spekulasi penurunan harga lebih lanjut, sepertiga terakhir tetap dalam perdagangan. Tetapi karena setiap pergerakan berakhir, harga pulih pada dukungan dan memulai tren naik baru keluar sepertiga terakhir dari perdagangan kami di titik 6 dengan keuntungan 103 pips.

Ringkasnya, dengan perdagangan ini, kami menghasilkan 98 pips dengan rasio risiko/imbalan 1,9.

Mungkin Anda bertanya pada diri sendiri mengapa kami menggunakan tiga target keuntungan, bukan hanya satu. Jawabannya mudah. Ini semua tentang mengambil peluang dan mendapatkan hasil maksimal dari perdagangan. Kami akan kembali ke ini nanti.

Kesimpulan yang dapat kita tarik adalah bahwa perdagangan selalu membutuhkan udara untuk bernafas. Oleh karena itu, jangan menarik trailing stop terlalu dekat dengan harga; jika tidak, ada risiko tinggi bahwa Anda akan dihentikan. Dan Anda tidak benar-benar ingin dibuang dari pasar. Sebenarnya Anda ingin mencapai target profit Anda bukan? Stop loss dimaksudkan untuk melindungi Anda dari kerugian yang tidak proporsional dalam perjalanan ke sana pada langkah pertama dan untuk mempertahankan akumulasi keuntungan Anda pada langkah kedua. Jangan biarkan stop loss membuat Anda keluar dari pasar! Ingatlah hal ini saat Anda menempatkan dan melacak stop loss Anda.

Cara lain untuk mengikuti stop loss adalah dengan menggunakan persentase tetap atau jumlah poin tetap. Di banyak platform perdagangan, ini sudah dapat diatur secara otomatis. Stop loss Anda kemudian akan secara otomatis dipindahkan lebih jauh dan lebih jauh sampai perdagangan berjalan ke target keuntungan atau dihentikan oleh stop loss. Tentu saja, ini terdengar sangat nyaman pada awalnya. Sebuah perdagangan yang mengelola dirinya sendiri. Ini hampir terlalu bagus untuk menjadi kenyataan. . .

Jelas bahwa pendekatan ini seringkali kurang optimal. Penjelasannya sederhana. Mari kita asumsikan bahwa kita telah mengikuti stop loss kita dalam perdagangan EUR/USD jangka panjang kita setiap 25 pips. Apa yang akan terjadi?

Mari kita lihat gambar grafik juga:

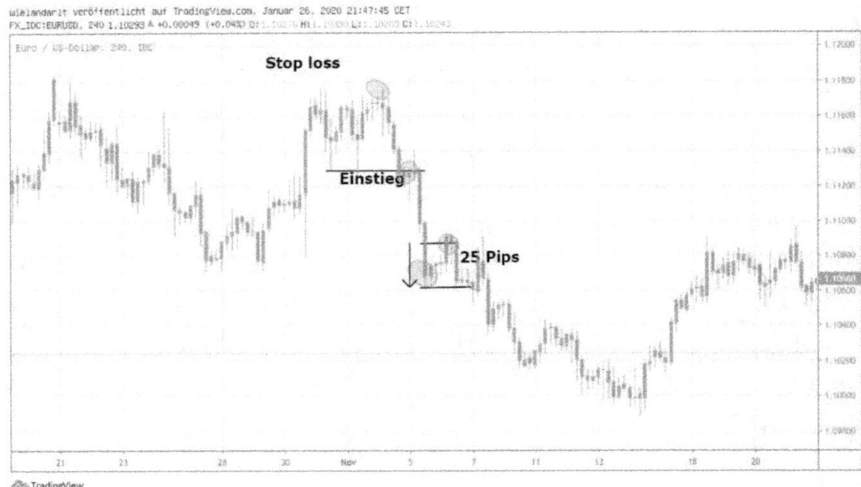

Gambar 52: EUR/USD, grafik 4 jam (satu lilin = 4 jam). Stop loss tertinggal 25 pips di atas harga saat ini. Sumber: www.tradingview.com

Kami memiliki bagan yang identik dari atas. Satu-satunya hal yang kita ubah adalah trailing stop. Dengan asumsi bahwa kita mengikuti stop setiap 25 pips, kita memindahkan stop loss sedemikian rupa sehingga kita selalu memiliki jarak 25 pips dari harga saat ini ke stop loss. Segera setelah kita membuka perdagangan, pemberhentian dipindahkan, menurunkan risiko posisi dan mengamankan keuntungan pertama.

Karena kami memiliki momentum tinggi setelah masuk, keuntungan 25 pips pertama dengan cepat tercapai. Apa pun yang terjadi—inilah yang telah kami peroleh!

Karena harga terus turun ke arah target pertama kami, kami terus mengamankan keuntungan kami. Dengan mencapai target pertama, kami keluar sepertiga dari perdagangan dengan keuntungan 58 pips dan keuntungan aman 33 pips karena trailing stop kami. Karena harga turun lebih jauh setelah kami keluar dari sepertiga pertama kami, harga mencapai level terendah di $1,10620. Dengan jarak 25 pips, trailing stop kami sekarang berada di \$1.10870, memberi kami keuntungan yang terjamin sebesar 41 pips untuk dua pertiga posisi kami yang tersisa!

Karena setiap pergerakan berakhir pada titik tertentu, pergerakan dinamis ke bawah yang telah membawa perdagangan kita begitu cepat menjadi untung dan ke target pertama kita juga berakhir dengan mundurnya. Harga mulai naik dan dari terendah di \$1,10620, harga melewati trailing stop kami di \$1,10870 dan kami menutup perdagangan kami dengan realisasi keuntungan 41 pips untuk dua pertiga terakhir kami.

Secara total kami telah mendapat untung 46 pips dengan perdagangan ini. Dibandingkan dengan risiko yang kami ambil untuk perdagangan ini, kami telah menyadari rasio risiko/imbalan 0,9.

Bagaimana kita harus menilai ini? Keuntungan adalah keuntungan dan karena itu baik. Terutama karena itu juga dihasilkan dalam waktu yang relatif singkat. Itu juga benar. Namun demikian, kami memiliki target lain dalam pikiran. Kami ingin mencapai tidak hanya 46 pips, tetapi setidaknya 98 pips. Itu dua kali lipat! Namun, kita juga harus mengakui, secara adil, bahwa 98 pips ini diperoleh dalam jangka waktu yang jauh lebih lama, seperti yang telah kita lihat.

Anda tentu sudah menyadari bahwa pada titik ini tidak ada rekomendasi 100% untuk tindakan. Jika Anda mencari kemenangan cepat di lingkungan yang sangat dinamis dan impulsif, maka Anda disarankan untuk menggunakan metode kedua. Sisi lain dari koin adalah bahwa Anda secara teratur berhenti di koreksi menengah dan langkah kemudian berlanjut tanpa Anda. Di sinilah perbedaan kedua varian.

Akibatnya, kita dapat menyatakan bahwa stop loss yang ketat— untuk alasan apa pun—secara praktis memaksa keluar cepat dari posisi tersebut. Anda kemudian akan mengambil keuntungan lebih teratur, tetapi mereka akan selalu lebih rendah daripada jika Anda terus menempatkan pemberhentian Anda dengan cara yang lebih disengaja. Pada akhirnya, keadaan pasar juga yang menentukan apakah trailing stop berhasil dan bermakna. Dalam tren yang kuat, bahaya berhenti secara tidak menyenangkan lebih kecil daripada dalam gerakan menyamping. Oleh karena itu, stop loss yang mengamankan keuntungan lebih lanjut dalam pergerakan sideways lebih masuk akal dan stop loss yang ketat dalam tren yang kuat.

Mungkin "Matriks Pengelolaan Uang" pasti muncul di benak kita selama diskusi kita. Faktanya, trailing stop memiliki efek nyata pada perencanaan kesuksesan kami menurut "Matriks Manajemen Uang." Apakah mereka?

Dengan mengikuti stop loss, kita meninggalkan keputusan ini/ atau dan campur tangan dalam perdagangan saat ini. Meskipun kami merencanakan rasio risiko/imbalan yang konkret sebelum perdagangan, kami mengurangi peluang untuk mencapainya dengan menyesuaikan stop loss. Sebuah kemunduran bisa membuat kita dengan mudah keluar dari perdagangan.

Ada konsekuensi. Jika kita melanjutkan cara ini secara teratur, dalam retrospeksi rasio risiko/imbalan yang kita realisasikan akan berkurang. Misalnya, kita beralih dari 1,5 ke 1,3, yang saja tidak berarti apa-apa, tetapi kita harus menyadari fakta ini.

Rasio risiko/imbalan yang direalisasikan turun karena kami mengambil keuntungan lebih awal. Ini juga memiliki konsekuensi. Keuntungan kita akan lebih kecil, tapi tetap ada. Oleh karena itu, hit rate akan meningkat—dari 50% menjadi 55% misalnya.

Jika kita menutup posisi lebih cepat karena kita berhenti lebih awal, maka kita memiliki kesempatan untuk memasuki lebih banyak perdagangan. Ini semata-mata karena modal yang sebelumnya terikat sekarang tersedia untuk perdagangan baru lagi. Hal ini pada gilirannya berdampak pada frekuensi perdagangan kita. Ini akan meningkat asalkan peluangnya memadai. Mungkin dari 100 perdagangan setahun menjadi 120 perdagangan.

Itu meninggalkan risiko. Apa artinya risiko yang kita ambil jika hit rate meningkat, frekuensi trading meningkat dan rasio risiko/reward berkurang? Pertama-tama, kami telah menetapkan bahwa hit rate yang tinggi juga membenarkan risiko yang lebih tinggi. Pada prinsipnya, kita dapat menerapkan ini di sini juga. Mungkin dari 1,0% menjadi 1,25%. Dengan menarik stop loss di belakang harga, kami secara otomatis dan bertahap mengurangi risiko dan karenanya dapat membenarkan taruhan yang lebih tinggi. Di sisi lain, jumlah perdagangan secara alami akan meningkatkan risiko secara keseluruhan. Kami harus memberikan poin ini kepentingan yang tepat dan menjaga hasil kami di bawah tinjauan konstan.

Mari kita lihat kemungkinan skenario menurut trailing stop:

Trading account	$10,000
Risk in percent	1.0%
Hit rate	50%
Risk/reward ratio	1.5
Risk in US Dollar	$100
Trading frequency	100
Total profit	$2,500

Trading account	$10,000
Risk in percent	1.25%
Hit rate	55%
Risk/reward ratio	1.3
Risk in US Dollar	$125
Trading frequency	120
Total profit	$3,975

Gambar 53 dan 54: Perbandingan hasil dalam "Matriks Pengelolaan Uang" tanpa trailing stop dan dengan trailing stop. Dengan mengelola posisi secara tepat sasaran, hasil perdagangan secara keseluruhan dapat ditingkatkan.

Kami melihat bahwa bahkan sedikit perubahan pada masing-masing komponen "Matriks Pengelolaan Uang" dapat menghasilkan peningkatan keuntungan yang signifikan. Faktor penentu di sini adalah rasio risiko/imbalan yang direalisasikan. Semakin dekat ke 1, semakin tinggi hit ratenya. Oleh karena itu, penting untuk meninggalkan kedua elemen dalam hubungan yang sehat. Ambil untung ya, tapi tidak dengan harga berapa pun!

Dengan ini, kita juga dapat mengakhiri diskusi tentang trailing stop dan menyimpulkan bahwa trailing stop adalah sarana yang memadai untuk mengelola perdagangan secara profesional. Prasyarat untuk ini adalah bahwa pembatasan kerugian dan penghentian perlindungan keuntungan tidak menjadi "perhentian penghentian perdagangan". Manakah dari varian yang disajikan yang Anda pilih adalah masalah gaya dan selera pribadi. Juga tidak apa-apa jika Anda tidak mengganggu perdagangan Anda sama sekali.

Mari kita lihat tiga trader kita di akhir topik. Bagaimana mereka menangani masalah trailing stop? Rick, bagaimana perasaanmu tentang trailing stop?

Saya selalu kesal ketika saya pertama kali mendapat untung, hanya untuk melihatnya menghilang lagi dan saya berhenti dalam kerugian sebagai hasilnya. Oleh karena itu, trailing stop adalah kesempatan yang baik bagi saya untuk setidaknya melindungi sebagian keuntungan saya. Bagi saya, metode default sebenarnya masuk akal. Di masa depan, saya akan selalu mengikuti stop loss sepuluh pips di belakang harga saat ini. Ketika saya mendekati area target, saya akan menempatkan stop loss lebih agresif pada harga. Saya berpikir tentang lima pips. Dengan cara ini saya memastikan saya tidak perlu mengembalikan begitu banyak dari akumulasi keuntungan saya.

Penilaian Rick bisa dipahami. Semakin dekat dia dengan keuntungan, semakin dia kesal karena dia harus mengembalikan keuntungannya. Hal ini dapat dimengerti, dan juga cocok dengan penilaian diri yang agresif untuk membawa stop loss di area target sangat dekat dengan harga. Di satu sisi, dia tidak perlu memberikan banyak pips dari kemenangannya dengan cara ini, tetapi di sisi lain, Rick sering tidak mencapai target keuntungannya. Ini memiliki dampak yang sesuai pada rasio risiko/imbalan yang direalisasikan; terutama karena Rick sudah menjaga rasio risiko/imbalan yang direncanakannya relatif rendah, dia dengan cepat menanggung risiko memperburuk hasil keseluruhannya secara signifikan.

Bagaimana Anna merencanakan pengelolaan perdagangan posisinya?

Dengan cakrawala waktu saya, trailing stop pasti masuk akal. Terutama ketika saya mempertimbangkan pengaruh politik dan ekonomi yang dialami perusahaan dan sahamnya selama berbulan-bulan, saya harus mengamankan akumulasi keuntungan saya. Namun, bagi saya trailing stop tetaplah stop yang lebih baik tidak dipicu. Bagaimanapun, saya ingin dihargai atas kesabaran saya. Terutama karena saya tidak melakukan banyak perdagangan per tahun, saya tidak dapat mengganggu posisi saya. Saya akan melanjutkan sesuai setelah analisis teknis untuk mengidentifikasi titik-titik yang sesuai di mana saya dapat menempatkan trailing stop. Tapi seperti yang saya katakan, bagi saya, ini hanya skenario terburuk.

Anna tetap pada strateginya. Asuransi, ya, tapi untuk jaga-jaga. Jika tidak, dia membiarkan perdagangan berjalan tanpa hambatan.

Di mana Peter melihat pendekatan untuk trailing stop dalam perdagangan berjangka?

Dengan saya, itu satu hal untuk kalah. Terutama karena tahun lalu tidak berjalan dengan baik dan saya telah merencanakan rasio risiko/imbalan yang ambisius untuk perdagangan saya berikutnya. Tetapi ketika saya memikirkan tentang hit rate saya, pasti ada ruang untuk perbaikan. Dengan trailing stop, saya dapat memiliki pengaruh langsung pada hit rate. Namun, saya tidak berpikir bahwa saya masih dapat mewujudkan rasio risiko/imbalan 2,0. Itu berarti bahwa harganya akan lebih jauh dari yang saya rencanakan. Lalu mengapa saya tidak menetapkan target yang lebih tinggi?! Secara keseluruhan, saya pikir saya akan membiarkan stop loss saya tidak berubah. Satu-satunya hal yang dapat saya pikirkan adalah memindahkan stop loss ke entri saya setelah harga bergerak ke kisaran risiko sederhana saya. Kemudian saya membiarkan risiko saya hampir sama, hanya dengan perbedaan bahwa saya tidak bisa lagi mengalami kerugian.

Pertimbangan Petrus mengungkapkan hal menarik lainnya. Dengan asumsi bahwa risiko tetap tidak berubah, masuk akal untuk memindahkan stop loss ke harga masuk pada saat rasio risiko/imbalan 1 tercapai. Risiko tetap tidak berubah, kecuali bahwa akumulasi keuntungan dan tidak lagi modal sendiri berisiko. Di sisi lain, kemungkinan stop loss meningkat, karena stop loss kembali disesuaikan dengan harga saat ini.

Pada akhirnya, selalu masalah menimbang apakah dan di mana stop loss akan tertinggal dari harga.

Sekarang setelah kita membahas trailing stop secara mendetail, kita dapat menggunakan pengetahuan yang diperoleh untuk menyempurnakan area ini lebih jauh. Mungkin masih ada ruang untuk perbaikan dalam langkah-demi-langkah masuk dan keluar ke dan dari perdagangan.

Masuk, keluar, naik: Ini adalah bagaimana Anda dapat meningkatkan kemenangan Anda tanpa perubahan risiko!

Hasil trading kami sudah dapat dipengaruhi secara signifikan dengan menggunakan trailing stop. Terutama terkait dengan "Money Management Matrix", hal ini dapat menghasilkan peluang yang menarik bagi kita. Kami sekarang dapat melangkah lebih jauh dan menganalisis dampak masuk dan keluarnya posisi secara bertahap pada hasil perdagangan kami. Namun, pertama-tama, Anda harus tahu bahwa pada titik ini kita berurusan dengan teknik dan strategi untuk pedagang tingkat lanjut. Maju dalam dua arti. Di satu sisi, strategi-strategi ini sudah agak lebih kompleks dan membutuhkan perhitungan yang lebih intensif daripada ide-ide sebelumnya. Di sisi lain, strategi ini hanya dapat diterapkan sepenuhnya setelah akun trading Anda mencapai ukuran tertentu.

Mari kita mulai dengan segera melakukan perdagangan. Hingga saat ini, kami selalu mempertimbangkan sepenuhnya. Ini sudah berakhir sekarang! Kami sekarang ingin melihat lebih dekat pada dua opsi untuk masuk selangkah demi selangkah ke pasar.

Varian dari entri langkah-demi-langkah—"Penskalaan Masuk"— ke pasar terdiri dari menempatkan sebagian dari posisi yang direncanakan di pasar di depan sinyal entri yang sebenarnya. Dengan varian agresif ini Anda sudah berada di pasar saat pergerakan yang diinginkan benar-benar dimulai. Hanya ketika Anda mencapai sinyal masuk Anda, Anda meningkatkan posisi ke jumlah penuh.

Jika, di sisi lain, strategi Anda tidak berhasil, Anda hanya mengambil risiko yang lebih rendah dengan sub-posisi Anda, di mana Anda dihentikan jika terjadi kerugian. Keuntungan dari metode ini adalah Anda bisa mendapatkan keuntungan dari pergerakan sejak awal tanpa meningkatkan risiko Anda secara tidak proporsional.

Cara kedua untuk memulai dalam beberapa langkah adalah mengikuti tren dari waktu ke waktu. Strategi disini adalah menaikkan posisi secara bertahap setelah sudah profit. Dengan cara ini Anda dapat mengamankan peluang keuntungan yang tidak proporsional tanpa mengambil risiko tambahan. Dengan pendekatan ini, risiko aktif dan manajemen perdagangan sangat penting!

Mari kita lihat kemungkinan pertama dengan memasuki perdagangan secara bertahap:

Gambar 55: NASDAQ 100 INDEX, grafik mingguan (satu lilin = satu minggu). Setelah reli curam, Indeks Nasdaq100 jatuh ke titik 1, naik dari sana ke titik 2 dan kemudian jatuh kembali ke titik 3, membentuk titik terendah yang lebih tinggi dalam koreksi tren. Dengan penembusan melalui titik 2 kemungkinan kelanjutan tren naik. Entri sebelumnya memberikan peluang tambahan untuk menang. Sumber: www.tradingview.com

Kami melihat Indeks Nasdaq 100 di grafik mingguan. Akibat koreksi tajam dari pergerakan naik sebelumnya, Nasdaq 100 turun hingga poin 1 di 3.787 poin. Dari sana, pergerakan pertama ke atas lagi menuju tren mengarah ke titik 2 yang membentuk titik tertinggi baru yang lebih tipis di 4.739 poin. Pergerakan turun berikutnya tidak dapat menandai titik terendah baru, tetapi terhenti di titik 3 di 3.888 poin. Dengan tiga poin ini dan pendekatan klasik untuk memasuki pasar dengan terobosan titik 2, kita dapat membuka perdagangan dengan ide mengikuti tren setelah titik 2 tercapai dan ditembus. Jadi seperti yang diasumsikan dari poin 3, Nasdaq 100 melanjutkan momentum awal kenaikannya dengan serangkaian candle hijau. Namun pergerakan ini tidak mengarah ke harga tertinggi baru, sebaliknya harga berhenti di sepertiga terakhir kisaran dan bergerak menyamping untuk sementara menawarkan peluang bagus untuk memasuki pasar dengan harga yang lebih baik.

Kita dapat meningkatkan peluang kita untuk menang dengan tidak memasuki pasar sekaligus, tetapi dengan membagi posisi menjadi beberapa sub-posisi. Kami membiarkan titik masuk yang direncanakan dan stop loss awal tidak berubah. Kami juga membiarkan ukuran posisi tidak berubah secara keseluruhan. Ini adalah kondisi dasar untuk varian pertama kami.

Pada titik ini mari kita asumsikan bahwa kita membagi posisi kita menjadi dua posisi parsial. Seperti biasa, kami ingin memberikan sebagiannya ke pasar ketika titik masuk tercapai. Dengan bagian lain kami ingin memasuki pasar lebih awal. Stop loss identik dalam setiap kasus, sehingga manajemen perdagangan dari posisi keseluruhan dapat dilakukan dengan cara biasa ketika titik masuk tercapai.

Untuk membuka posisi parsial pertama kita, kita perlu mengidentifikasi titik di grafik di mana ada kemungkinan harga akan bergerak ke arah yang kita inginkan.

Titik ini merupakan penembusan dari kisaran kecil dan tingginya di 4.574 poin. Ketika harga tinggi ini diambil, kemungkinan besar koreksi harga telah berakhir dan tren naik sebelumnya akan dilanjutkan termasuk penembusan titik 2, di mana kita ingin menyelesaikan perdagangan kita dengan paruh kedua posisi.

Mari kita lihat lebih dekat. Dalam kisaran kecil, Nasdaq 100 membentuk low yang lebih tinggi lagi yang diikuti oleh candle hijau panjang merangkul yang merah. Kita dapat melihat ini dengan fakta bahwa setelah koreksi singkat harga sudah naik lagi dan melanjutkan pergerakan naik. Fakta ini menegaskan penilaian positif kami.

Kelanjutan dari pergerakan naik dan penembusan titik tertinggi di titik 2 tampaknya sangat mungkin terjadi. Ini pada gilirannya memberi kita hak untuk membuka sub-posisi kita di entri 1. Jika pasar sekarang terus bergerak naik, kita sudah mendapat untung dengan 165 poin ketika bagian kedua dari posisi kita dibuka di entri 2 kita di 4.739 poin. Mulai saat ini posisi selesai dan manajemen berjalan seperti biasa.

Sebagai hasil dari posisi parsial pertama, kita sudah mendapat untung 165 poin dibandingkan dengan entri yang lengkap! Dan bagian terbaiknya adalah risiko absolut kita tidak berubah.

Namun—dan kami juga harus memperhitungkannya—dengan memasuki pasar lebih awal, kami juga mengambil risiko tambahan yang tidak akan kami ambil berdasarkan perencanaan awal kami. Faktanya, kita berada di pasar sebelum sinyal masuk yang sebenarnya tercapai. Jika pasar jatuh kembali sekarang, kita harus menutup posisi parsial kita sebagai perdagangan yang merugi. Karena kami berada lebih awal di pasar, kami mungkin dapat melakukan perdagangan yang tidak akan kami lakukan dengan strategi awal kami.

Seperti yang sudah Anda ketahui, ini secara alami berdampak pada hit rate kami. Itu pasti akan memburuk. Karena jika strategi kami berhasil, kami akan membuka sub-posisi kedua sesuai rencana. Jadi, tidak ada bedanya. Bagaimanapun, kita berada di pasar. Namun, jika strateginya tidak berhasil, kami menambahkan pecundang ke statistik kami yang tidak akan kami miliki sebaliknya.

Pendekatan ini juga akan meningkatkan risiko secara keseluruhan. Jika terjadi kerugian, hanya setengah dari risiko yang direncanakan, tetapi karena hit rate yang lebih rendah, kerugian akan lebih sering terjadi daripada tanpa denominasi.

Kabar baiknya adalah bahwa dengan cara ini kami meningkatkan rasio risiko/imbalan yang kami realisasikan. Karena jika ide trading kita berhasil dan kita mencapai target profit kita, maka kita meningkatkan keuntungan absolut kita, seperti yang telah kita lihat.

Frekuensi perdagangan juga akan meningkat, karena kita akan memasuki pasar lebih cepat dengan posisi parsial dibandingkan dengan posisi keseluruhan. Artinya, kami tidak hanya lebih cepat, tetapi juga lebih sering berada di pasar.

Akibatnya, kami dapat menyatakan sehubungan dengan varian ini bahwa dengan menggunakan dua sub-posisi Anda dapat meningkatkan rasio risiko/hadiah yang Anda realisasikan, dalam beberapa kasus secara signifikan. Tingkat hit yang lebih rendah dan frekuensi perdagangan yang meningkat dimitigasi oleh fakta bahwa jika terjadi kerugian, seringkali hanya setengah dari risiko yang disadari sebagai kerugian. Yang juga perlu Anda pertimbangkan di sini adalah biaya transaksi yang dikeluarkan per subitem. Tergantung pada produk yang Anda perdagangkan, ini dapat dengan cepat mengurangi keuntungan tambahan secara signifikan.

Kami juga menyebutkan opsi kedua yang memungkinkan kami meningkatkan keuntungan sambil mempertahankan risiko posisi. Kami telah menemukan bahwa meskipun kami meningkatkan keuntungan kami jika kami memasuki pasar lebih awal, kami harus menerima bahwa hit rate kami akan turun. Mungkin kita bisa melakukannya secara berbeda.

Misalnya, kita dapat secara bertahap meningkatkan posisi kita dan dengan demikian membangun piramida, bisa dikatakan. Seperti biasa, kami memasuki pasar di sini dengan ukuran penuh dari posisi kami dan kami terus meningkatkan posisi kami di setiap peluang baru. Mari kita lihat grafiknya juga.

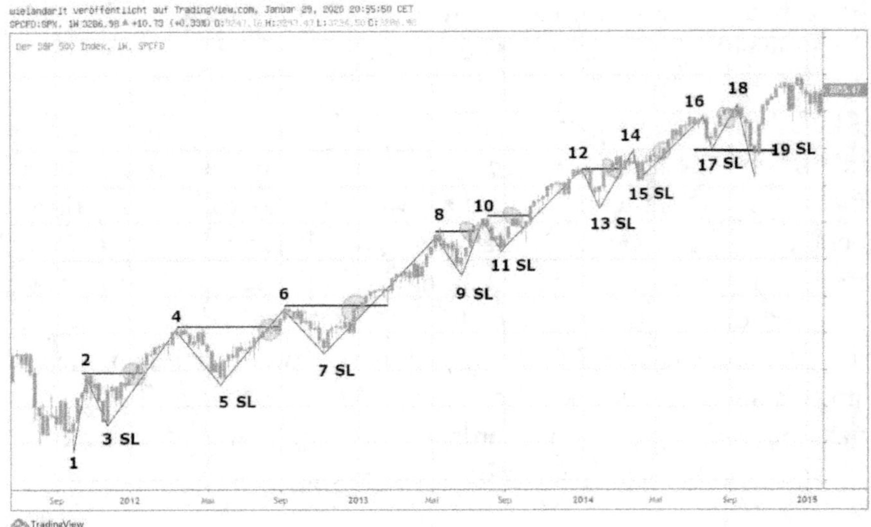

Gambar 56: INDEX S&P 500, grafik mingguan (satu lilin = satu minggu). S&P 500 jatuh ke titik 1, naik dari sana ke titik 2 dan kemudian turun kembali ke titik 3. Tren baru terbentuk dengan terobosan titik 2. Entri setelah setiap koreksi berada di titik 4, 6, 8, 10, 12 , 14, 16 dan bahkan 18 menghasilkan peluang tambahan untuk menang. Sumber: www.tradingview.com

Setelah kami masuk ke dalam Indeks S&P 500 dengan breakout dari titik 2 di 1.295 poin, kami membuka posisi kami secara penuh sesuai rencana. Harga kemudian bergerak langsung ke arah kita dan kita langsung mendapatkan keuntungan buku pertama kita. Harga naik ke titik 4 di 1.425 poin untuk mengoreksi dari sana. Penurunan tersebut membawa S&P 500 ke titik 5 di 1.241 poin.

Namun, karena kami telah melakukan analisis teknis dengan hati-hati, kami tidak membiarkannya mengecewakan kami. Sebaliknya. Bagi kami, ini adalah kesempatan yang baik untuk meningkatkan posisi kami pada harga yang menguntungkan dan dengan demikian meningkatkan peluang kami untuk mendapatkan keuntungan dalam tren yang baru saja dimulai.

Kami ingin menangkap peluang ini dengan menembus high terakhir di titik 4. Sepintas, terlihat jelas bahwa titik 5 adalah stop loss baru untuk posisi baru kami. Agar tidak meningkatkan risiko keseluruhan dari dua posisi, kami melacak stop loss kami dari perdagangan pertama di bawah titik 5. Akibatnya, kami sekarang memiliki stop loss yang sama untuk kedua posisi.

Kita harus ingat bahwa perdagangan pertama kita di poin 5 masih beresiko dengan hampir sepertiga. Tentu saja, kami tidak ingin meningkatkan risiko kami secara keseluruhan dari kedua posisi, melainkan menjaganya agar tetap konstan. Ini berarti bahwa kita harus menjaga ukuran posisi dari posisi kedua kita lebih kecil dari yang pertama.

Sebagai pengingat, kami tidak ingin mengambil risiko keseluruhan yang lebih tinggi dengan jumlah posisi kami daripada yang direncanakan dengan posisi semula. Ini adalah satu-satunya cara untuk mengoptimalkan peluang kami untuk menang tanpa mengambil risiko tambahan!

Mari kita lihat lagi grafiknya. S&P 500 melanjutkan pergerakannya dari titik 5 dan dengan terobosan titik 4 kami membuka posisi kedua kami dan stop loss yang sesuai seperti yang direncanakan.

Sesaat setelah breakout, harga mulai kembali lagi dari titik 6 di 1.477 poin dan turun ke titik 7 di 1.318 poin. Ini adalah kesempatan bagus lainnya bagi kami untuk meningkatkan posisi kami secara keseluruhan dalam tren naik yang sedang berlangsung. Kita memilih break through point 6 lagi sebagai entry point selanjutnya dan mengambil stop loss untuk posisi baru low terakhir di point 7. Tentu saja tidak tepat pada point tersebut, tapi selalu beberapa point dibawah. Lagi pula, kami tidak ingin terlalu cepat dihentikan. Stop loss pada dua posisi kami yang ada juga termasuk dalam poin 7.

Sekarang kami telah mengamankan perdagangan pertama kami dengan keuntungan 23 poin dan perdagangan kedua dengan risiko 107 poin. Kami dapat menentukan ukuran posisi kami dari perdagangan ketiga yang sesuai.

Setelah breakout dari titik 6, harga naik ke titik tertinggi baru di titik 8 di 1.690 poin dan dari sana turun sedikit kembali ke titik 9 di 1.535 poin. Sekali lagi, kami ingin mengambil kesempatan untuk lebih memperluas posisi kami secara keseluruhan. Dengan menembus titik 8, kami membuka posisi berikutnya dan menetapkan stop loss untuk semua perdagangan saat ini di bawah titik 9 pada 1,535 poin.

Secara total, kami telah mengamankan perdagangan pertama dengan lebih dari 240 poin, perdagangan kedua dengan 110 poin dan perdagangan ketiga dengan keuntungan 58 poin. Kami memiliki perdagangan keempat yang berisiko dengan 155 poin. Jadi, jika terjadi stop, kita harus mengurangi 155 poin tersebut dari keseluruhan profit.

Kami terus menambahkan perdagangan demi perdagangan ke posisi kami dengan setiap koreksi dan setiap terobosan berikutnya dari tertinggi sebelumnya dari pengaturan poin 10 hingga 18 dan mengikuti keseluruhan stop loss dari setiap terendah baru yang lebih tinggi ke yang berikutnya. Secara keseluruhan, kami memiliki kesempatan untuk membuka delapan posisi dengan keuntungan yang terkumpul dan terjamin lebih dari 3.000 poin!

Tetapi bahkan tren yang paling indah pun berakhir di beberapa titik sehingga harga turun segera setelah kita masuk di titik 18 di bawah titik terendah terakhir di titik 19. Kita berhenti di 1.879—25 poin di bawah titik terendah terakhir—dan semua posisi tutup.

	Entry	Stop Loss	Risk (Points)	Stop Loss 1	Risk (Points)	Stop Loss 2	Risk (Points)	Stop Loss 3	Risk (Points)	Stop Loss 4	Risk (Points)	Stop Loss 5	Risk (Points)	Stop Loss 6	Risk (Points)	Stop Loss 7	Risk (Points)
Position 1	1,295	1,133	-162	1,241	-54	1,318	23	1,535	240	1,602	307	1,712	417	1,789	494	1,879	584
Position 2	1,425			1,241	-184	1,318	-107	1,535	110	1,602	177	1,712	287	1,789	364	1,879	454
Position 3	1,477					1,318	-159	1,535	58	1,602	125	1,712	235	1,789	312	1,879	402
Position 4	1,690							1,535	-155	1,602	-88	1,712	22	1,789	99	1,879	189
Position 5	1,712									1,602	-110	1,712	0	1,789	77	1,879	167
Position 6	1,852											1,712	-140	1,789	-63	1,879	27
Position 7	1,900													1,789	-111	1,879	-21
Position 8	1,994															1,879	-115
Profit																	3,566

Gambar 57: Tinjauan perdagangan individu dari posisi keseluruhan. Harga masuk, stop loss dan trailing stop dengan risiko yang sesuai atau akumulasi keuntungan. 3 poin selalu ditambahkan ke harga masuk agar tidak memperdagangkan titik tertinggi langsung. Stop loss selalu menyertakan penyangga keamanan 25 poin ke titik rendah yang sesuai.

Hasilnya, kami dapat melaporkan total keuntungan sebesar 3.566 poin! Jika sekarang kita bandingkan dengan hasil yang hanya kita capai dengan posisi pertama saja, maka sepintas hasilnya adalah gamechanger. Dengan piramida, trailing stop dan penambahan tujuh perdagangan lagi, kami telah memperoleh hampir 3.000 poin lebih banyak daripada yang seharusnya kami dapatkan dengan posisi pertama sebagai satu. Harap perhatikan juga bahwa kami mendapat keuntungan total dari perdagangan nomor empat.

Satu catatan terakhir. Perhitungan sengaja disajikan dalam poin untuk memberi Anda perasaan untuk prosedur dasar. Dalam praktiknya, tentu saja, ukuran posisi yang sesuai juga merupakan bagian dari poin, sehingga hasil nyata berbeda.

Poin penting yang menjadi jelas adalah bahwa Anda disarankan untuk mengurangi ukuran posisi sedikit dengan setiap posisi baru—hanya agar tidak membahayakan akumulasi keuntungan. Bayangkan metode ini seperti piramida. Perdagangan pertama membentuk dasar dan mewakili posisi terbesar. Perdagangan kedua, misalnya, hanya dialokasikan dengan 75% dari ukuran posisi sebenarnya. Perdagangan ketiga kemudian masih dengan 50% dan perdagangan keempat mungkin hanya dengan 25% dari ukuran posisi semula. Dengan demikian, Anda memastikan bahwa Anda memaksimalkan potensi keuntungan Anda sekaligus melindungi akumulasi keuntungan Anda. Selalu ingat bahwa bahkan tren yang paling indah pun akan berakhir di beberapa titik dan bahaya koreksi meningkat seiring waktu.

Dalam praktiknya, Anda akan secara teratur mengalami bahwa perdagangan terakhir adalah pecundang. Untuk alasan ini, piramida diarahkan ke atas dan posisi yang diambil juga lebih kecil.

Dalam praktik perdagangan, Anda akan secara teratur menghadapi batasan kelayakan strategi ini karena terbatasnya pembagian lot, saham, ETF, atau futures. Struktur piramida tak terbatas tidak dapat diwujudkan dalam praktik. Piramida dua atau tiga tingkat, di sisi lain, sering terjadi. Ini juga harus cukup untuk menemani sebuah tren cukup lama sebelum akhirnya berubah.

Sebagai aturan praktis, kami dapat menyatakan bahwa semakin besar akun Anda dan dengan demikian risiko yang Anda ambil, semakin besar posisi yang akan dibagi—dan semakin mudah bagi Anda untuk membangun piramida.

Apa arti struktur piramida bagi "Matriks Pengelolaan Uang" kita? Jika kita sangat tepat, maka kita harus menghitung setiap posisi untuk dirinya sendiri. Oleh karena itu, kami meningkatkan frekuensi perdagangan kami dengan piramida. Saat kami mengambil tren ke yang terakhir dengan semakin banyak posisi baru, kami juga akan dapat sedikit meningkatkan hit rate kami. Fakta bahwa perdagangan terakhir secara teratur kalah tidak banyak berubah. Di sisi lain, rasio risiko/imbalan yang kita realisasikan akan menurun secara keseluruhan karena kita akan selalu memiliki pemenang besar bersama kita, tetapi juga banyak yang lebih kecil, seperti yang telah kita lihat di atas.

Ini berarti: frekuensi trading tinggi, hit rate tinggi, dan rasio risiko/reward yang lebih rendah. Singkatnya, piramida adalah cara yang baik untuk meningkatkan hasil perdagangan selama kita menjaga rasio risiko/imbalan yang direalisasikan di atas 1.

Yang tersisa adalah mempertimbangkan risikonya. Jika kita membangun piramida dengan benar, risiko keseluruhan tidak akan pernah lebih tinggi daripada risiko individu. Sebaliknya: dengan setiap langkah baru dari piramida, risiko berkurang karena posisinya menjadi lebih kecil. Pada saat yang sama, stop dari posisi yang sudah berjalan mengikuti stop loss yang baru. Intinya adalah bahwa sementara kita mengambil lebih banyak posisi, kita tidak meningkatkan risiko kita secara keseluruhan. Dari aspek ini juga, tidak ada yang bisa dikatakan menentang piramida yang dibangun secara profesional.

Sebagai kesimpulan, kami dapat menyatakan bahwa dengan meningkatkan posisi secara bertahap, kami dapat memanfaatkan potensi keuntungan kami dari suatu gerakan secara maksimal. Entri dengan posisi parsial memberi Anda peluang terbaik dengan risiko yang tidak berubah. Prasyarat, bagaimanapun, adalah ukuran posisi yang sesuai yang dapat dibagi. Tapi di sini, banyak pedagang sudah mencapai batasnya. Oleh karena itu, selalu pilih produk atau underlying untuk trading Anda yang memungkinkan Anda untuk membagi posisi Anda.

Saat membangun piramida, tantangan ini diintensifkan. Ini karena dengan setiap langkah, jumlah yang lebih kecil harus dipertaruhkan, yang membutuhkan ukuran posisi yang lebih kecil. Dengan piramida, manajemen risiko yang canggih sangat penting untuk kesuksesan. Khususnya di bawah aspek bahwa kerentanan terhadap koreksi meningkat seiring berjalannya waktu dan dengan demikian bahaya dihentikan meningkat, ukuran posisi adalah segalanya dan akhir segalanya. Jika ragu, lebih baik tetap defensif dalam hal ini!

Berkaitan dengan step-by-step trading, kita hanya berurusan dengan entry point—scaling in. Pada langkah selanjutnya, mari kita lihat juga exit-nya—scaling out. Bahkan dengan keluar secara bertahap dari suatu posisi, kami dapat meningkatkan hasil keseluruhan kami.

Mari kita lihat langsung pada grafik lagi:

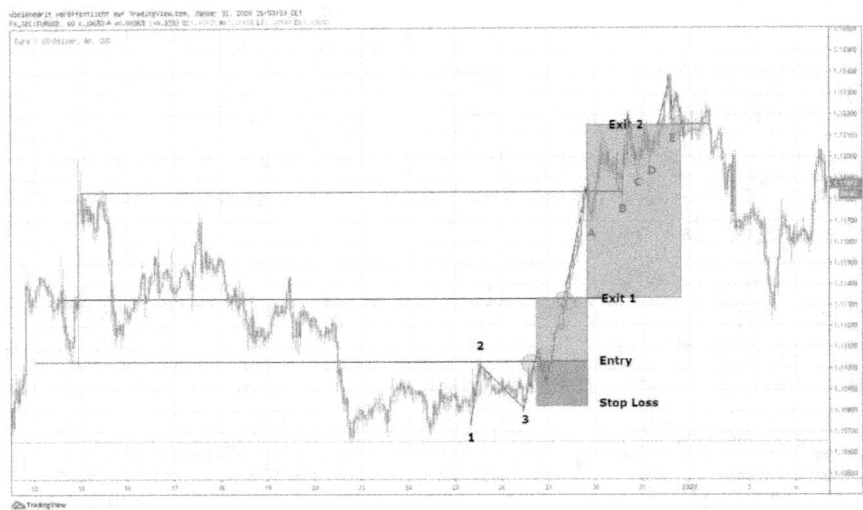

Gambar 58: EUR/USD, grafik 60 menit (satu lilin = 60 Menit). Harga mata uang keluar dari kisaran dan bergerak ke reli curam, mencapai target pertama dalam satu langkah berani. Kemudian naik lebih tinggi ke resistensi utama. Setelah menerobos, jalan ke atas terganggu oleh beberapa koreksi singkat. Titik terendah dari koreksi memberikan titik referensi yang baik untuk trailing stop. Kotak menunjukkan rasio risiko/imbalan dan keuntungan tambahan yang dicapai dengan sub-posisi. Sumber: www.tradingview.com

Kami memperdagangkan EUR/USD, dan berspekulasi tentang kenaikan Euro. Setelah mencapai titik terendah di titik 1, pasangan awalnya naik ke titik 2 dan kemudian turun kembali ke titik 3. Dari sana pasangan mata uang bergerak lagi ke arah utara.

Kami ingin memilih penembusan melalui titik 2 di $1.11023 sebagai sinyal masuk kami dan membuka posisi kami saat titik ini dilewati. Stop loss diatur di bawah poin 3, dan kami telah menetapkan sendiri target keuntungan dengan rasio risiko/reward yang direncanakan 1,5. Artinya, dengan risiko 21 pips, kita ingin mendapat untung dibulatkan 32 pips. Jadi, kami menempatkan target keuntungan di $1,11343.

Sekilas pada grafik memberi tahu kita bahwa ada beberapa rintangan yang harus diatasi dalam perjalanan menuju target, yang dapat kita identifikasi sebagai resistensi utama sedikit di atas titik 2 diikuti oleh resistensi yang dibangun oleh beberapa posisi terendah sebelumnya. Karena pasangan ini dapat mengalami beberapa koreksi di sini, target profit dari RRR 1,5 sesuai dengan analisis teknis kami. Anda sudah mengetahui skenario klasik ini dari perdagangan sebelumnya.

Sejauh ini, kami selalu mencapai hasil yang baik, karena rasio risiko/imbalan yang direncanakan dan direalisasikan dengan baik telah membawa kami jauh ke depan dalam perencanaan sukses kami.

Kami sekarang ingin memilih strategi keluar yang berbeda. Untuk tujuan ini, kami menetapkan target keuntungan kami seperti yang dijelaskan. Tapi disana kami hanya ingin keluar saja dengan setengah posisi kami. Kami juga ingin membiarkan separuh lainnya aman.

Mari kita kembali ke perdagangan kita. Harga naik dengan cepat dan tanpa ragu-ragu setelah kami masuk. Saat pasangan meroket lebih tinggi, target keuntungan kami tercapai. Seperti yang direncanakan, kami keluar dari setengah posisi kami dan merealisasikan keuntungan. Dengan demikian, kami telah mencapai rasio risiko/imbalan sebesar 1,5 untuk bagian posisi ini. Kami akan membiarkan sisa posisi pergi. Sekarang kita bisa mengikuti stop loss sampai posisi parsial dihentikan.

Jadi, kami ingin mengikuti stop loss dari sub-posisi yang tersisa di bawah setiap lower low yang baru dibuat. Sekarang setelah kita melepaskan paruh pertama dari posisi kita, harga turun kembali lagi ke titik A. Titik ini sekarang membentuk stop loss baru. Ketika titik terendah B, C dan D ditandai setelah kenaikan lebih lanjut, kami juga memindahkan stop loss kami di bawah titik-titik ini.

Dengan stop loss di bawah titik E di $1.12160, kita sudah untung 123 pips jika kita menutup posisi pada titik ini.

Dari Titik E, EUR/USD terus naik, tetapi tidak mencapai level tertinggi baru. Sebaliknya itu jatuh di bawah terendah terakhir ke dalam trailing stop loss kami di $1,12160. Pada titik ini kami menyadari keuntungan dengan sisa sub-posisi kami 123 pips. Bersama dengan paruh pertama posisi kami, ini membawa kami ke rasio risiko/imbalan sebesar 3,7! Jika kita sekarang membandingkan hasil ini dengan apa yang akan kita capai tanpa membagi posisi, keuntungan dari strategi ini menjadi jelas.

Untuk melengkapi pertimbangan, kita juga bisa melihat perhitungan untuk perdagangan ini. Seperti yang disebutkan di awal, strategi seperti itu hanya dapat digambarkan dari ukuran tertentu dari akun trading Anda. Demi kesederhanaan, oleh karena itu kami mengambil akun dengan modal perdagangan $20.000 sebagai dasar perhitungan kami. Kami ingin mengambil 1% dari ini sebagai risiko, yang memberikan jumlah risiko absolut sebesar $200—atau membuatnya praktis untuk perhitungan kami $210. Di forex kita bisa berdagang satu lot atau $100,000 di bawah profil risiko ini. Jumlah yang berisiko ini menjadi dasar perhitungan berikut:.

	Single Position	Position Part 1	Position Part 2	Total Profit
Entry	$1.11023			
Stop Loss	$1.10810		$1.12260	
Risk in Pips	21			
Profit Target	$1.11343	$1.11343		
Profit in Pips	32			
RRR planned	1.5			
Profit Pips 1.Part		32		
Profit Pips 2.Part			123	
RRR Realized	**1.5**	1.5	5.9	**3.7**
Position size	$100,000	$50,000	$50,000	
Risk absolute	$210			
Profit absolute	**$320**			
Profit 1. Part		$160		
Profit 2. Part			$615	**$775**

Gambar 59: Perhitungan perdagangan kami di EUR/USD. Berdasarkan akun perdagangan dengan $20.000 dan risiko yang akan diambil sebesar 1%, hasilnya ditampilkan dengan satu posisi dan dengan membagi posisi. Karena posisi split, total keuntungan bisa meningkat secara signifikan.

Kami melihat dalam perhitungan bahwa kami telah merealisasikan rasio risiko/imbalan sebesar 5,9 dengan sub-posisi kedua. Itu lebih dari terhormat. Terlepas dari hasil yang tidak diragukan lagi baik, bagaimanapun, kita harus kembali menunjukkan bahwa, seperti yang sayangnya terjadi, kita tidak selalu menyadari keuntungan dengan sub-posisi kita yang tersisa, tetapi juga akan secara teratur mengalami bahwa harga memicu stop loss pada tahap awal. . Oleh karena itu, hasil yang sangat baik seperti itu tidak terbukti dengan sendirinya.

Anda harus menyadari bahwa dengan membagi posisi, Anda menjaga peluang keuntungan tambahan, tetapi jika ini tidak terjadi, maka Anda akan melakukan secara total lebih buruk daripada jika Anda melikuidasi posisi secara keseluruhan.

Ini membawa kita langsung ke pemeriksaan kritis menggunakan „Matriks Pengelolaan Uang.“ Karena penskalaan jika menang, tingkat hit kami tetap tidak berubah. Perdagangan adalah hit, baik setengah atau keseluruhan. Namun, ini mengandaikan bahwa kita menganggap dua sub-posisi sebagai satu perdagangan. Karena kami membuka perdagangan sebagai satu kesatuan, kami juga dapat melanjutkan dengan cara ini. Oleh karena itu, hit rate tetap tidak berubah. Berapa frekuensi perdagangannya? Itu juga tetap tidak berubah. Distribusi jika menang tidak mengubah ini. Tapi yang berubah adalah biaya transaksinya. Mereka meningkat dengan biaya penutupan posisi yang tersisa. Biaya pada dasarnya meningkatkan risiko, karena memang begitulah adanya. Selain itu, risiko posisi tetap tidak terpengaruh. Jika stop loss dipindahkan ke entry point segera setelah target profit tercapai, risiko dihilangkan. Satu-satunya risiko yang tersisa adalah bahwa sub-posisi yang tersisa tidak akan menghasilkan keuntungan, tetapi akan dihentikan pada titik masuk dengan titik impas—yang, tentu saja, memiliki konsekuensi langsung pada rasio risiko/imbalan yang direalisasikan. Ini karena jika sub-posisi yang tersisa tidak menghasilkan keuntungan, tetapi ditutup di sekitar titik impas, maka rasio risiko/imbalan yang direalisasikan menjadi setengahnya! Dibandingkan dengan risiko awal, kami hanya mencapai setengah dari apa yang kami butuhkan untuk berdagang secara menguntungkan!

Mari kita biarkan wawasan ini memiliki beberapa efek. Dengan asumsi kami memaksimalkan keuntungan kami, kami mengambil risiko mengurangi separuh rasio risiko / imbalan yang kami realisasikan. Ini menghasilkan konsekuensi penting bagi Anda. Gunakan metode ini hanya jika Anda memperdagangkan pasar atau nilai yang berada dalam fase tren yang kuat. Semakin jauh tren berjalan, semakin dekat Anda harus mencari sinyal pembalikan. Ini bisa berupa pola atau formasi candle. Strategi ini juga membutuhkan manajemen perdagangan profesional!

Sehubungan dengan penskalaan, mari kita lihat ide lain yang dapat kita gunakan untuk mengelola hasil kita secara profesional. Strategi ini bukan tentang memaksimalkan keuntungan—kita tidak akan mencapainya dengan strategi ini—melainkan tentang meminimalkan kerugian. Oleh karena itu, kita kemudian melihat bagaimana kita dapat melepaskan posisi parsial ketika kita tidak dalam keuntungan tetapi dalam kerugian.

Mari kita lihat grafik lain:

Gambar 60: ALIBABA GROUP HOLDINGS LTD. (BABA), grafik mingguan (satu lilin = satu minggu). BABA menunjukkan kecenderungan pembalikan pertama dengan menandai tinggi sementara baru dan mengoreksi ke rendah yang lebih tinggi. Penembusan dari titik 2 harus melanjutkan tren. Sebuah scaling-out dalam kerugian mengurangi total kerugian. Sumber: www. tradingview.com

Mari kita asumsikan bahwa kita ingin berdagang BABA. Untuk mendapatkan dasar yang tenang dan kokoh dalam pengambilan keputusan, kami memilih grafik mingguan sebagai setting untuk analisis grafik kami. Kita dapat melihat bahwa BABA telah terkoreksi dalam tren naik ke titik 1 di $164,25. Dari sana saham naik kembali ke level tertinggi yang lebih baru di $206,20 dan dijual lagi ke level terendah yang lebih tinggi di titik 3 di $166,13. Kami ingin berspekulasi tentang kenaikan lebih lanjut dan membuka perdagangan ketika poin 2 terlampaui. Yang merugikan kami, BABA tidak tampil seperti yang kami inginkan, tetapi justru melakukan yang sebaliknya. Itu mulai jatuh segera setelah keraguan awal. Semuanya tampak seolah-olah kita mengalami stop loss kita, yang telah kita tempatkan di bawah titik 1 di $164.20. Biasanya akan berada di bawah titik 3, tetapi karena 1 dan 3 sangat dekat, kami memutuskan untuk membuatnya sedikit lebih aman dan memberi pasar sedikit lebih banyak ruang untuk pergerakannya.

Pada dasarnya, ini bukan masalah besar, karena manajemen risiko profesional kami melindungi kami dari kerugian yang tidak direncanakan. Tetapi itu tidak berarti bahwa kita menikmati kerugian dan bahwa kita hanya harus berdiri dan melihat perdagangan menjadi pecundang. Tetapi kami juga tidak ingin keluar darinya secara langsung, karena kami telah berbicara tentang fakta bahwa mengganggu perdagangan agak kontraproduktif. Mungkin pasar hanya butuh udara untuk bernafas.

Jadi, apa yang bisa kita lakukan selain menunggu untuk melihat bagaimana perdagangan dihentikan? Kami juga dapat mengoperasikan manajemen perdagangan aktif jika terjadi kerugian. Jika terjadi kerugian, mungkin juga disarankan untuk membagi posisi Anda menjadi beberapa sub-posisi. Kemungkinan yang baik untuk menerapkan ini secara profesional adalah, misalnya, keluar sebagian menurut kriteria grafik teknis.

Pada grafik, harga di titik A membentuk setidaknya pergerakan naik pertama karena membentuk candle hijau dan pembalikan dari titik A ke C di sini. Kita bisa mengambil candle dan reversal hijau ini sebagai peluang untuk mengurangi posisi kita. Untuk melakukan ini, kami menetapkan stop loss untuk posisi parsial kami—misalnya, setengah dari total posisi—di bawah titik C pada 184,75. Jika harga turun di bawah titik C, kita akan keluar dengan setengah dari posisi kita. Kami kemudian mengambil kerugian pertama dan membiarkan setengah lainnya tidak berubah. Setengah yang tersisa ini masih dilindungi oleh stop loss asli.

Keuntungan kami dalam strategi ini adalah kami dapat mengurangi kerugian kami sementara pada saat yang sama menjaga peluang untuk hasil yang positif. Dengan cara ini, kami melakukan keadilan untuk risiko dan pengelolaan uang kami.

Namun, kita harus memastikan di sini bahwa kita tidak membuat exit sebagian terlalu dini. Sebuah posisi dikurangi dengan cara ini memiliki sedikit kesempatan untuk melewati garis finish sebagai pemenang besar. Hal ini karena, meskipun hasilnya masih positif, pertama-tama kita harus mengurangi kerugian sub-posisi yang dibubarkan dari keuntungan sub-posisi yang tersisa. Dalam kasus terbaik, keuntungan tetap ada, tetapi sebagai aturan praktis kita bisa bahagia jika akhirnya hanya mencapai titik impas dan tidak harus menanggung biaya transaksi kita sendiri. Untuk itu, kita tidak boleh tergesa-gesa, tetapi selalu sadar dan sesuai dengan kriteria yang telah ditetapkan. Pada titik ini, teknik charting membantu kita dengan baik untuk menentukan pada titik mana probabilitas lebih kuat melawan kita.

Mari kita lihat juga hasilnya dalam bentuk angka konkret:

	Single Position	Position Part 1	Position Part 2	Total Profit
Entry	$206.20			
Stop Loss	$164.20	$184.75	$164.20	
Risk in USD	$42.00	$21.45	$42.00	
Number of Shares	11	6	5	
Positionsize	$2,268.20			
Risk absolute	$462.00			
Loss absolute	-$462.00	-$128.70	-$210.00	-$338.70

Gambar 61: Dengan membubarkan sebagian posisi, kerugian keseluruhan berkurang lebih dari 26%.

Angka-angka berbicara untuk diri mereka sendiri. Dengan asumsi kami mengambil akun perdagangan $50.000 sebagai dasar dan risiko 1% dari akun perdagangan kami untuk perdagangan ini seperti biasa, kami dapat membeli 11 saham BABA. Dengan menjual setengahnya—6 dari 11 saham—kami mampu mengurangi kerugian sebesar 26,7%. Lagipula. Kerugian yang diselamatkan hampir seperti keuntungan. Ini meningkatkan dasar keuangan untuk perdagangan kami berikutnya!

The Time-Warp: Bagaimana menghubungkan kerangka waktu yang berbeda

Meskipun kami sekarang sangat maju dalam pertimbangan kami dan berada pada tingkat profesional yang sangat tinggi, Anda dapat menambahkan ide lain untuk pengetahuan Anda yang sudah ada.

Sampai sekarang, kami selalu berasumsi bahwa kami bergerak dalam satu kerangka waktu. Pintu masuk dan keluar semuanya dalam satu kerangka waktu. Misalnya, analisis underlying hanya dilakukan pada grafik 60 menit, 4 jam, harian, atau mingguan. Dengan demikian, titik masuk dan keluar ditentukan dalam grafik yang sama juga. Ini hanya masuk akal dan telah terbukti memberi kita hasil yang jelas positif.

Dan inilah tepatnya titik di mana kami ingin memulai dengan pertimbangan kami selanjutnya. Kami telah memperhatikan dengan gaya perdagangan bahwa mereka digunakan dalam kerangka waktu yang berbeda. Tapi mengapa kita hanya berkomitmen pada satu kerangka waktu, ketika kita juga bisa melihat melampaui cakrawala? Mungkin kami dapat meningkatkan hasil kami di sini tanpa harus mengubah gaya perdagangan yang kami pilih.

Kemungkinan apa yang muncul untuk Anda jika Anda melihat dua atau tiga kerangka waktu, bukan hanya satu? Pertimbangan kerangka waktu yang berbeda memiliki beberapa keuntungan bagi Anda.

Di satu sisi, ini memungkinkan Anda untuk mengidentifikasi resistensi dan dukungan tersembunyi yang terletak di kerangka waktu lain. Anda dapat meningkatkan hit rate Anda dengan memilih perdagangan Anda lebih sadar dan selektif. Di sisi lain, Anda dapat menyaring entri Anda dengan mencari sinyal entri tidak hanya dalam kerangka waktu pilihan Anda, tetapi juga di bawahnya. Ini memberi Anda kesempatan untuk mencetak beberapa poin lagi dan menemukan pintu masuk yang lebih bersih. Anda juga dapat menentukan stop loss Anda lebih sempit, misalnya, dengan mencari level konkret untuk stop loss Anda dalam kerangka waktu bawahan.

Poin kedua khususnya dapat membantu Anda untuk bergerak maju dengan pengelolaan uang Anda tanpa harus mengubah risiko Anda secara signifikan.

Langsung saja kita lihat varian pertama. Bayangkan Anda sedang melakukan analisis menyeluruh dari suatu yang mendasari dalam kerangka waktu pilihan Anda. Anda mengidentifikasi peluang masuk yang baik sesuai dengan strategi perdagangan Anda dan menetapkan entri, sama seperti Anda menetapkan stop loss dan target laba. Saat entri Anda dipicu, Anda membuka perdagangan. Pasar mempertahankan arah yang diinginkan, posisi menghasilkan keuntungan, dan semuanya tampak seperti perdagangan yang sukses sekarang. Namun tiba-tiba momentumnya melambat, pasar awalnya bergerak sideways, dan kemudian terkoreksi tajam. Pemenang awal Anda sekarang dalam bahaya menjadi pecundang.

Apa yang terjadi? Mungkin Anda melewatkan beberapa berita penting? Atau apakah Anda tidak melakukan analisis Anda dengan benar? Apa lagi yang harus Anda pertimbangkan?

Kami mengalami situasi yang dijelaskan ini secara teratur dan alasannya banyak. Kami telah membahas fakta bahwa hal seperti ini dapat terjadi pada beberapa kesempatan, dan itulah mengapa kami menetapkan sistem manajemen risiko kami. Namun demikian, kita setidaknya dapat menghindari sebagian situasi ini. Jika kita tidak lagi membatasi analisis kita pada satu kerangka waktu, tetapi juga memasukkan kerangka waktu yang berdekatan, kita pasti dapat menghindari potensi pecundang sesekali.

Mari kita lihat INTEL CORP pada grafik 15 menit untuk gambaran yang lebih jelas.

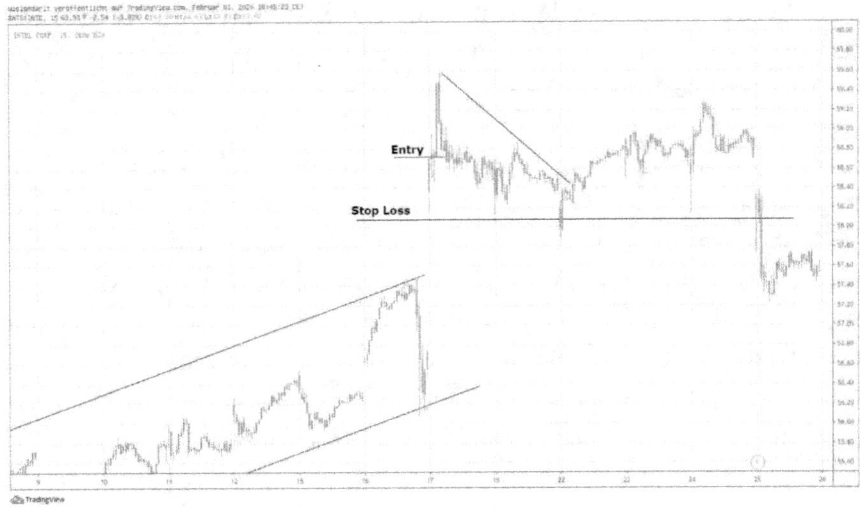

Gambar 62: INTEL CORP, grafik 15 menit (satu lilin = 15 menit). Intel telah berada dalam tren naik yang baik untuk sementara waktu dan tiba-tiba keluar dari salurannya hanya untuk naik lebih tinggi. Apa langkah bullish! Setelah membuat harga tertinggi baru, harga turun dan bergerak perlahan tapi pasti ke bawah menuju titik terendah yang lebih rendah. Sumber:www.tradingview.com

Di Intel, kami melihat situasi seperti yang dijelaskan. Dengan pembukaan pasar, harga dibuka dengan selisih harga yang solid dan tetap positif dalam lima belas menit pertama. Strategi yang mungkin untuk day trader adalah entri setelah lima belas menit pertama dengan terobosan tertinggi atau terendah periode tersebut. Karena harga terus naik, kami membuka posisi kami di $58,76 termasuk penyangga keamanan 5 sen. Kami menempatkan stop loss kami di bawah titik terendah periode 15 menit di $58,08 termasuk buffer yang sama. Jika harga turun di bawah titik terendah, hasil positif dari ide perdagangan kami akan diabaikan dan kemungkinan tren naik akan berlanjut tidak akan ada lagi. Dengan memasuki pasar, perdagangan langsung menghasilkan keuntungan yang baik dan saham naik ke level tertinggi baru. Baik – tetapi tiba-tiba momentum kenaikan tiba-tiba berakhir dan harga mulai turun secara dinamis. Gerakan ke bawah yang baru mulai mengarahkan perdagangan kami setelah beberapa jam dan hari ke dalam stop loss dan posisi ditutup menandai pecundang. Seiring perkembangannya, harga bergerak menyamping untuk sementara waktu sebelum jatuh lebih jauh menutup celah. Kenaikan tidak lagi relevan, setidaknya tidak dalam jangka pendek.

Pertanyaan yang muncul pada saat ini adalah apakah kita bisa menghindari skenario ini. Jawabannya beragam: Ya dan tidak. Karena pada chart 15 menit tidak ada indikasi lebih lanjut bahwa pergerakan naik akan menemui hambatan. Dan di sinilah kerangka waktu lainnya ikut bermain. Untuk lebih jelasnya, kita bisa menggeser analisis dari grafik 15 menit ke grafik harian. Mungkin kita bisa menemukan petunjuk di sana.

Mari kita lihat grafik harian segera:

Gambar 63: INTEL CORP, grafik harian (satu lilin = satu hari). Setelah tren turun, Intel telah bergerak menyamping untuk jangka waktu yang lama sebelum menembus ke atas. Sumber: www.tradingview.com

Bukan itu yang terlihat. Kita dapat melihat bahwa setelah pergerakan bullish yang kuat, Intel mencapai area di mana sebelumnya dan di mana semua masalah dimulai. Ini adalah perlawanan utama! Sehari sebelum selisih harga—yaitu hari sebelum kami membuka perdagangan—harga membentuk kandil tertentu di area yang luar biasa. Candlestick dikenal sebagai Doji dan ini menunjukkan setidaknya ketidakpastian di pasar. Di area yang sangat sensitif seperti resistensi utama, ia mengatakan sesuatu seperti "Tunggu, kami tidak begitu yakin tentang langkah selanjutnya." Jadi, ini adalah area yang kami coba untuk membuka perdagangan berspekulasi pada harga yang lebih tinggi.

Jadi, kami membeli langsung ke resistensi! Dan untuk membuatnya lebih buruk, kami membeli mendekati harga tertinggi hari itu. Resistensi ini tidak terlihat pada grafik 15 menit karena terlalu jauh dari titik masuk dalam kaitannya dengan kerangka waktu. Namun, pada grafik harian, memang demikian. Berdasarkan informasi ini, apakah Anda akan membuka perdagangan dengan spekulasi kenaikan harga? Mungkin tidak. Mungkin Anda akan memilih arah lain sebagai gantinya.

Perbandingan grafik 15 menit dengan grafik harian saja sudah memberi kita kejelasan. Demi kelengkapan, mari kita lihat time frame berikutnya di atas, chart mingguan:

Gambar 64: INTEL CORP, grafik mingguan (satu lilin = satu minggu). Intel berada dalam tren naik jangka panjang yang terganggu oleh koreksi yang telah berakhir dan sekarang menjadi penghalang yang kuat. Sumber: www. tradingview.com

Kita dapat melihat bahwa Intel berada dalam pergerakan bullish curam jangka panjang, yang berakhir dengan tiba-tiba. Setelah koreksi tajam, pergerakan sideways selanjutnya juga bisa terlihat di chart mingguan. Selain itu, dapat dilihat bahwa harga naik dengan momentum tinggi ke area bekas tinggi. Kalau dipikir-pikir sekarang kita melihat bahwa itu akan menjadi ide yang jauh lebih baik untuk memilih arah yang berlawanan dan melakukan short daripada membeli. Tapi kami juga melihat bahwa trading tanpa stop loss lebih dari berbahaya dan termasuk bahaya menghapus akun trading Anda sekaligus.

Kami dapat menarik beberapa kesimpulan dari analisis tiga layar ini:

Pertama-tama, penting untuk mengidentifikasi level resistensi atau dukungan tersembunyi untuk menghindari perdagangan yang ditakdirkan gagal sejak awal. Bagi Anda, ini berarti Anda harus selalu menampilkan setidaknya satu kerangka waktu untuk memastikan tidak ada hambatan tersembunyi pada ide trading Anda.

Kedua, kita dapat menentukan arah tren dasar dengan menganalisis beberapa kerangka waktu. Anda kemudian dapat menentukan dengan lebih baik dalam analisis Anda apakah Anda berdagang dengan tren superior atau apakah perdagangan Anda hanya koreksi dari tren superior. Tergantung pada ini, Anda tentu saja harus menentukan dan menetapkan target keuntungan Anda.

Ketiga, bentuk analisis ini membantu kita untuk melihat melampaui cakrawala. Anda dapat menggunakan ini lagi dalam beberapa cara.

Kesempatan yang baik adalah kesempatan yang baik! Jadi, jika Anda melihat bahwa ada perdagangan bagus yang menunggu Anda dalam kerangka waktu yang lebih rendah, tidak ada alasan mengapa Anda tidak memeriksanya sesuai dengan kriteria Anda dan menerapkannya. Selain itu, metode ini membantu Anda meningkatkan waktu perdagangan Anda. Seperti yang telah kita lihat di atas, gagasan untuk melakukan gerakan naik pada dasarnya tidak salah. Tapi manajemen itu. Jelas, akan lebih baik untuk menetapkan target laba moderat daripada berharap untuk langkah besar berikutnya. Di sisi lain, jika Anda masuk ke dalam perdagangan dan mengambil kerugian dan kemudian menyadari peluang ada di sisi lain, mengapa tidak pergi ke sana? Ini membawa kita pada pemahaman yang sangat penting. Selalu ingat: Naik atau turun—pasarlah yang memberi tahu Anda ke mana harus pergi!

Mungkin Anda sekarang bertanya-tanya apa hubungannya pertimbangan ini dengan risiko dan pengelolaan uang. Tentu saja, banyak. Kami telah melihat betapa pentingnya bagi Anda untuk memperhatikan kualitas perdagangan Anda. Tujuan Anda harus menjaga elemen "Matriks Pengelolaan Uang" pada tingkat yang selalu tinggi. Ini juga termasuk mengawasi tingkat hit. Jika Anda sekarang mengecualikan setidaknya beberapa perdagangan yang ditakdirkan untuk gagal melalui jenis analisis ini, maka ini memiliki efek positif langsung pada hit rate Anda. Ini akan naik—terutama jika Anda dapat mengidentifikasi beberapa peluang menguntungkan yang mungkin tidak Anda temukan sebaliknya.

Untuk alasan ini saja, ada baiknya membandingkan beberapa kerangka waktu satu sama lain dan dengan demikian mendapatkan gambaran yang lebih baik tentang apa yang terjadi di pasar. Dan kita juga dapat melihat efek positif lain dari ide ini.

Efek positif kedua yang Anda dapatkan dengan menganalisis kerangka waktu yang berbeda adalah penyempurnaan entri dan/atau keluar Anda. Ini memungkinkan Anda untuk mencari entri pada kerangka waktu yang lebih rendah setelah atau bahkan sebelum sinyal Anda yang sebenarnya dipicu, sehingga mengoptimalkan potensi keuntungan. Atau Anda masih dapat menemukan entri ke dalam perdagangan bahkan jika Anda melewatkan sinyal entri yang sebenarnya. Untuk melakukan ini, gunakan koreksi dalam kerangka waktu yang lebih rendah setelah breakout. Dari sana Anda masih dapat memasuki pasar, meskipun tidak ada kemungkinan untuk membuka posisi dalam kerangka waktu pilihan Anda.

Mari kita lihat situasi konkret dalam hal ini. Kami ingin memperdagangkan Indeks S&P 500 untuk jangka panjang dan oleh karena itu melakukan analisis kami di grafik mingguan.

Gambar 65: INDEX S&P 500, grafik mingguan (satu lilin = satu minggu). Mulai dari penurunan tajam di titik 1, S&P 500 naik secepat jatuhnya. Di area harga tinggi sebelumnya, harga menarik kembali dan mengoreksi ke titik 3. Dari sana, tren naik terus berlanjut. Sumber: www.tradingview.com

Setelah jatuh kembali ke 2.346,58 poin di titik 1, S&P 500 naik terus ke titik 2 di 2.954,13 poin menandai level tertinggi yang sedikit lebih tinggi. Harga kemudian memantul dari resistance tersebut dan turun kembali ke titik 3 pada 2.728.81 poin. Tinggi terakhir pada titik 2 menandai kombinasi dengan harga tinggi sebelumnya sebagai resistensi yang kuat. Dengan kandil hijau besar merangkul kandil merah, kita bisa yakin bahwa pergerakan naik akan berlanjut. Jadi, kami ingin menggunakan kesempatan ini untuk memasuki pasar dan membuka perdagangan. Kami ingin menggunakan breakout dari high terakhir di titik 2 di 2.945,13 poin untuk membuka posisi. Stop loss kami akan berada di bawah titik 3 sebesar 2.728,81 poin. Begitu banyak pendekatan klasik yang telah kami gunakan selama ini.

Kami sekarang ingin turun ke kerangka waktu yang lebih rendah untuk melihat apakah kami bisa masuk ke pasar sedikit lebih awal. Mungkin kita bisa memperpendek jarak antara entry point dan stop loss sedikit.

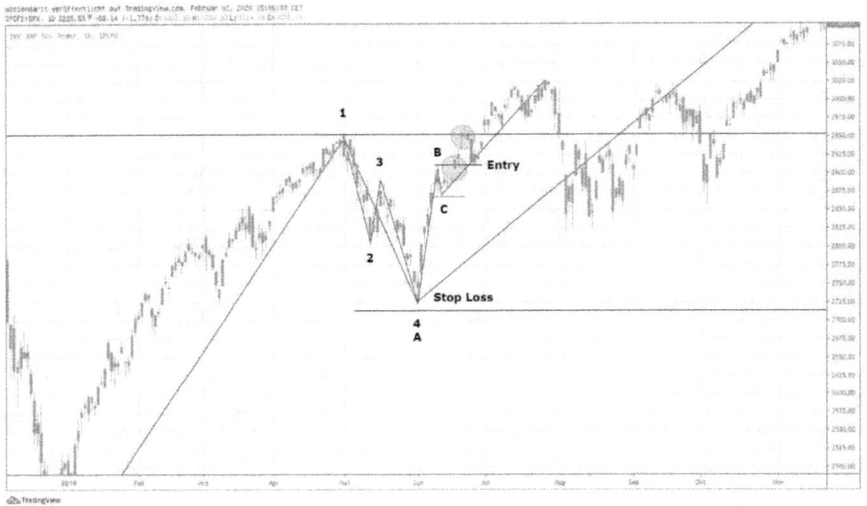

Gambar 66: INDEKS S&P 500, grafik harian (satu lilin = satu hari). S&P 500 berada dalam tren naik yang berulang kali terganggu oleh mundurnya dan pergerakan lateral. Sumber: www.tradingview.com

S&P 500 dalam grafik harian memberi kita gambaran yang lebih rinci dan kita melihat apa yang terjadi secara rinci di setiap minggu. Karena kami telah menyelesaikan analisis jangka panjang dalam grafik mingguan, kami dapat berkonsentrasi pada waktu yang tepat sebelum titik masuk kami untuk pekerjaan terperinci.

Kita bisa melihat bahwa S&P 500 turun dari poin 1 di 2.954,13 poin ke poin 4 di 2.728,81 poin. Kami telah mencatat ini di grafik mingguan. Di sana, poin 1 sesuai dengan poin 4 atau A kami di grafik harian. Berbeda dengan grafik mingguan, di mana terlihat bahwa S&P 500 telah jatuh tajam tanpa gangguan dan hanya berhenti di terendah 2,728,81 poin, kita melihat di grafik harian bahwa penurunan itu disertai dengan koreksi singkat dari titik 2 ke 3.

Untuk menemukan titik masuk kita di grafik harian, kita dapat kembali mencari titik di mana kemungkinan kenaikan lebih lanjut lebih besar daripada kemungkinan penurunan harga lebih lanjut. Ini berada di area titik 3 di 2.892,15 sampai B di 2.910,61 titik. Jika harga naik di atasnya, urutan lower highs dan lows telah ditembus dan ada peluang untuk kelanjutan uptrend.

Dengan begitu kita bisa mengatur titik masuk kita di atas titik B sebesar 2.910,61 titik. Ini juga memberi kami penyangga keamanan jika pasar melakukan upaya penipuan. Kita bisa membiarkan stop loss di 2.728.81 poin—seperti yang direncanakan di chart mingguan— atau lebih baik lagi sedikit di bawahnya di 2.725 poin atau bahkan 2.720 poin.

Jika kita bandingkan, maka dengan mengubah time frame kita bisa memindahkan entry dari 2.954,13 poin menjadi 2.910,61 poin. Ini memberi kita keuntungan 43,52 poin!

Akhirnya, analisis kami tentang kerangka dua waktu memungkinkan kami untuk melengkapi gambaran keseluruhan kami dengan melapiskan kedua analisis.

Gambar 67: INDEX S&P 500, grafik mingguan (satu lilin = satu minggu). Hasil grafik harian dan mingguan ditampilkan. Ini semakin menyempurnakan gambaran yang lebih besar. Sumber: www.tradingview.com

Jika kita menggabungkan temuan dari analisis grafik mingguan dan harian, kita juga dapat menilai dengan tepat bagaimana masuk ke posisi di grafik harian harus dilakukan. Mungkin Anda telah memperhatikan bahwa kita praktis telah membeli resistensi yang akan datang. Dalam grafik harian ini memiliki relevansi yang lebih besar daripada di grafik mingguan. Grafik mingguan menunjukkan tren naik yang unggul dan ini mendukung pandangan kami bahwa kenaikan harus berlanjut. Dengan demikian, kami juga dapat mengklasifikasikan kemungkinan bahwa resistensi akan ditembus sebagai tinggi. Perdagangan dibenarkan.

Mari kita lihat lebih dekat kemungkinan manajemen yang berbeda yang ditawarkan kedua kerangka waktu. Menggunakan grafik mingguan, stop loss ditentukan berada di bawah titik 3, terendah dari koreksi harga dari mana uptrend berlanjut. Melihat grafik mingguan, tidak ada pilihan lain yang masuk akal. Namun jika Anda masuk lebih dalam ke daily chart, Anda akan menemukan beberapa opsi untuk stop loss. Salah satu opsi yang sangat ketat di bawah titik C di 2.874,68 poin. Tentu saja, yang satu ini cukup agresif dan risiko dihentikan jauh lebih tinggi daripada di grafik mingguan. Namun kita juga harus mempertimbangkan bahwa ukuran posisi dengan stop loss yang begitu ketat jauh lebih besar daripada ukuran dengan stop loss yang lebih lebar. Jadi, sekali lagi pertanyaannya adalah apa yang ingin Anda capai dalam trading dan apakah Anda agak agresif atau defensif sebagai seorang trader. Juga perlu diingat bahwa jika Anda memutuskan untuk menggunakan stop loss yang ketat, Anda dapat di satu sisi menggunakan ukuran posisi yang lebih tinggi tetapi Anda juga cenderung dihentikan lebih awal dibandingkan dengan stop loss yang lebih luas.

Melihat grafik harian, Anda akan melihat bahwa dengan pemberhentian yang lebih ketat, Anda akan keluar dari perdagangan dengan untung kecil atau dengan kerugian yang direncanakan— tergantung pada manajemen perdagangan Anda. Jika Anda menggunakan stop loss yang lebih luas sebagai gantinya, Anda akan dapat menangkap pergerakan pasar yang panjang dan lebih menguntungkan. Tetapi Anda juga harus melalui beberapa koreksi harga selama perdagangan Anda. Jadi, sekali lagi, perdagangan profesional dan sukses adalah masalah preferensi individu.

Di sini juga, Anda mungkin bertanya-tanya tentang relevansi topik kami, risiko, dan pengelolaan uang. Ini, tentu saja, diberikan. Pengaruh unsur-unsur "Money Management Matrix" dapat langsung dirasakan.

Dengan memperbaiki entri Anda, Anda pasti dapat meningkatkan rasio risiko/hadiah yang Anda realisasikan, karena Anda hanya mendapatkan lebih banyak untuk risiko yang sama jika Anda menang. Tingkat hit bisa turun sedikit, karena Anda selalu berisiko mendapatkan sinyal palsu jika Anda memulai lebih awal. Kami sudah membahas ini di atas. Kerugian ini sebanding dengan rasio risiko/ imbalan yang lebih tinggi, sehingga prosedur dua tahap ini jelas masuk akal dari perspektif pengelolaan uang. Frekuensi perdagangan juga dapat sedikit meningkat, karena tentu saja ada bahaya memasukkan posisi terlalu dini, yang kemudian tidak memicu sinyal perdagangan yang sebenarnya, tetapi malah mengalami kerugian. Dalam hal ini

Anda membuka posisi yang tidak akan Anda buka dalam kerangka waktu Anda yang sebenarnya. Dalam hal ini, risiko keseluruhan kemudian harus diperhitungkan, bahkan jika risiko per posisi tidak meningkat.

Secara bersama-sama, rasio risiko/reward realisasi yang lebih tinggi diimbangi dengan kemungkinan penurunan hit rate dan peningkatan frekuensi perdagangan dengan risiko keseluruhan yang lebih tinggi. Kami telah menekankan pada beberapa kesempatan bahwa rasio risiko/imbalan yang direalisasikan adalah ukuran segalanya bagi kami. Dengan demikian, keuntungan potensial ini lebih besar daripada kemungkinan kerugiannya. Tentu saja, Anda harus selalu memeriksa hasil Anda dalam hal ini dan mengambil tindakan segera jika hasil keseluruhan Anda memburuk.

Ringkasan singkat dari fakta yang paling penting:

> Penggunaan trailing stop dapat, jika digunakan dengan benar, mengamankan keuntungan Anda yang masih harus dibayar.

> Masuk selangkah demi selangkah ke suatu posisi dapat mengamankan keuntungan lebih lanjut tanpa meningkatkan risiko Anda.

> Meningkatkan posisi Anda secara bertahap dalam bentuk piramida memungkinkan Anda untuk memaksimalkan keuntungan Anda dalam tren yang ada.

> Tren mutlak diperlukan jika Anda memutuskan pada target profit untuk membiarkan sebagian posisi berjalan lebih jauh. Trailing stop mengamankan akumulasi keuntungan dari sub-posisi yang tersisa.

> Jika terjadi kerugian, Anda mengurangi kerugian Anda secara keseluruhan dengan melikuidasi sebagian posisi, yang menjaga modal berharga Anda untuk perdagangan berikutnya.

> Analisis selama beberapa kerangka waktu membuka keseluruhan gambaran dan membantu Anda mengidentifikasi resistensi atau dukungan tersembunyi.

> Dengan menggunakan kerangka waktu bawahan, Anda dapat memperbaiki entri Anda dan dengan demikian mencapai rasio risiko/imbalan yang lebih tinggi.

BAB 7: Sukses Dapat Direncanakan Dalam Langkah Kecil Menuju Tujuan Besar!

Kami telah menempuh perjalanan panjang dalam diskusi kami dan Anda telah berurusan secara ekstensif dengan unsur-unsur risiko profesional dan pengelolaan uang. Tidak hanya itu, tetapi Anda juga telah mempelajari teknik konkret yang memungkinkan Anda mengelola perdagangan secara profesional dengan mempertimbangkan "Matriks Pengelolaan Uang." Ini memberi Anda alat yang Anda butuhkan untuk mencapai kesuksesan berkelanjutan di pasar keuangan.

Dan ini membawa kita ke poin berikutnya. Banyak investor dan trader mengasosiasikan trading dengan impian uang besar, kebebasan finansial, dan profesi trader profesional!

Berita baiknya adalah ini mungkin. Yang buruk adalah perlu banyak kondisi untuk benar-benar mencapai ini. Selain risiko profesional dan pengelolaan uang, ini tentu saja mencakup strategi yang menguntungkan dengan nilai harapan positif. Untuk mengembangkan strategi ini, Anda memerlukan pengetahuan yang baik tentang metode analisis teknis fundamental dan grafik. Gambaran besar hanya terbuka untuk Anda ketika Anda menghubungkan semua komponen dalam analisis Anda. Ini terutama benar jika Anda memilih gaya perdagangan jangka panjang. Untuk alasan ini, literatur lebih lanjut tentang hal ini sangat dianjurkan.

Selain pengetahuan tentang fakta-fakta yang sulit, ini juga mencakup pengetahuan tentang orang yang melakukan pekerjaan. Itu kamu! Kami telah melihat kebutuhan pribadi Anda untuk memastikan bahwa gaya perdagangan, strategi perdagangan, dan manajemen risiko Anda benar-benar sesuai dengan Anda dan Anda merasa nyaman dengan „kulit pedagang" Anda. Hanya dengan begitu perdagangan Anda benar-benar berhasil. Saya sarankan Anda berkonsultasi dengan literatur lebih lanjut tentang hal ini juga.

Selain semua pengetahuan tentang perdagangan, pasar, dan diri Anda sendiri, saya ingin melihat lebih dekat pada dua hal: disiplin perdagangan Anda dan modal perdagangan Anda.

Kami telah membahas modal perdagangan Anda secara rinci dan tujuan pengelolaan risiko dan uang profesional tidak hanya untuk melindunginya, tetapi juga untuk meningkatkannya. Kami akan membahas hal ini secara lebih rinci nanti di bab ini.

Disiplin perdagangan adalah masalah lain. Itu juga sudah terdengar berulang kali. Disiplin datang dari dalam dan hanya dapat dipertahankan secara permanen jika Anda mendekati perdagangan Anda dengan motivasi dan konsentrasi—setiap hari baru. Inilah tepatnya mengapa penting bagi Anda untuk menangani risiko dan pengelolaan uang dengan cermat. Manajemen profesional memberi Anda dasar mental untuk mengejar perdagangan Anda dengan cara yang termotivasi dan disiplin hari demi hari.

Bagaimana itu bisa terjadi? Sejauh mana manajemen risiko dan uang mendukung Anda dalam menjaga motivasi dan disiplin Anda untuk berdagang? Dengan mencegah kerugian yang tidak proporsional melalui manajemen risiko. Dengan tetap mampu bertindak secara mental, meski harus menerima rentetan kekalahan. Dalam hal ini, manajemen risiko yang ketat membantu Anda untuk tetap tenang dan bertindak secara objektif saat pasar berlawanan dengan Anda.

Sebenarnya, emosi Anda yang paling manusiawi dalam perdagangan menghambat atau bahkan berbahaya bagi kesuksesan perdagangan Anda, karena baik rasa takut maupun keserakahan tidak akan menentukan keputusan perdagangan Anda.

Risiko profesional dan pengelolaan uang melindungi Anda dari emosi ini. Jika dieksekusi dengan benar, Anda tahu segalanya sebelum Anda membuka posisi Anda. Anda tahu berapa banyak Anda bisa kehilangan. Anda juga tahu berapa banyak Anda bisa menang. Anda yakin akan hal itu—tidak peduli arah apa yang diambil pasar setelah perdagangan Anda dibuka. Anda sudah tahu apa hasilnya bagi Anda dalam keadaan normal—baik dalam arti positif maupun negatif. Ini adalah keamanan yang Anda butuhkan untuk dapat membuat keputusan yang rasional. Satu-satunya hal yang dapat Anda lakukan setelah membuka posisi adalah mengelola perdagangan Anda secara profesional.

Sepanjang buku ini kita telah berbicara tentang kehilangan lagi dan lagi, dan dengan alasan yang bagus. Bagaimanapun, kerugian adalah bagian dari perdagangan seperti halnya biaya penjualan. Tentu saja, setiap orang ingin menjaga biaya mereka serendah mungkin untuk meningkatkan keuntungan mereka. Namun, umumnya tidak mungkin untuk menghindari biaya. Biaya atau kerugian merupakan bagian integral dari strategi perdagangan. Ini juga poin penting yang perlu diinternalisasi.

Mungkin pendekatan berikut juga akan membantu Anda menghadapi kerugian:

Kita telah membahas nilai yang diharapkan dalam bab sebelumnya. Nilai ekspektasi positif berarti bahwa rata-rata setiap perdagangan individu menghasilkan keuntungan tertentu. Ini berarti bahwa Anda dapat mengharapkan keuntungan dengan setiap perdagangan— apakah ditutup dalam keuntungan atau kerugian—dalam suatu strategi. Atau dengan kata lain: Setiap perdagangan membawa Anda selangkah lebih dekat ke keuntungan Anda! Anda juga dapat menggunakan sikap ini di banyak bidang lain dalam hidup Anda!

Secara umum, kita dapat mengatakan bahwa setiap kegagalan yang Anda atasi membawa Anda selangkah lebih dekat ke kesuksesan yang diinginkan.

Sekali lagi—satu perdagangan tidak menentukan; itu selalu tergantung pada jumlah total!

Dan kami ingin terus meningkatkan jumlah total melalui pengelolaan uang. Kami juga telah cukup membahas ini dan Anda sudah mengetahui sejumlah elemen yang dapat Anda gunakan untuk bekerja di sini. Mari kita menggali sedikit lebih dalam pada saat ini.

Bagaimana Anda bisa meningkatkan basis modal Anda? Bagaimana Anda dapat memanfaatkan mekanisme yang dibahas untuk mengembangkan akun trading Anda?

Selama menghitung ukuran posisi, kami telah menentukan bahwa pendekatan persentase ke akun perdagangan adalah yang paling sesuai untuk tujuan kami. Dengan menetapkan jumlah persentase dalam kaitannya dengan akun perdagangan Anda, Anda mempertahankan variabel jumlah absolut. Misalnya, Anda selalu mengambil risiko 1% dari akun trading Anda. Dalam konteks ini, kami juga telah menjelaskan bahwa pendekatan ini bertindak seperti rem dan akselerator pada akun trading Anda. Jika akun Anda meningkat karena Anda berada dalam periode kemenangan berulang, maka risiko absolut yang diambil meningkat dengan setiap perdagangan baru. Ini hanya karena akun perdagangan Anda akan bertambah besar, meningkatkan dasar yang berlaku untuk aturan 1%. Anda praktis menyalakan turbo!

Efek yang sama juga bekerja sebaliknya, tentu saja. Segera setelah fase dengan kerugian terjadi, perbaikan persentase memperlambat penurunan keuangan dengan setiap perdagangan baru. Jumlah absolut yang berisiko berkurang dari satu posisi ke posisi lain hingga terjadi pembalikan tren dan Anda menyadari keuntungan lagi.

Pertimbangan ini saja patut digarisbawahi dalam warna hijau. Namun, menjadi sangat menarik jika Anda menyadari hukum matematika dalam konteks ini. Karena Anda dapat menggunakan efek rem dan akselerator ini untuk secara konsisten membangun dan memperluas akun perdagangan Anda!

Untuk benar-benar dapat menjalankan profesi seorang trader profesional, Anda memerlukan dasar keuangan tertentu. Berdasarkan contoh akun Anna, Rick, dan Peter, Anda tentu telah memperhatikan bahwa tidak satu pun dari ketiga akun tersebut yang cocok untuk memastikan pendapatan permanen melalui trading sendiri.

Dalam konteks ini, kita dapat melihat berapa banyak pendapatan yang mungkin diperoleh dalam berbagai ukuran akun, dan ukuran akun mana yang dapat menghasilkan hasil yang mana.

Return per time unit	10%	20%	30%	40%	50%
Account size	**Return**	**Return**	**Return**	**Return**	**Return**
$5,000	$500	$1,000	$1,500	$2,000	$2,500
$15,000	$1,500	$3,000	$4,500	$6,000	$7,500
$25,000	$2,500	$5,000	$7,500	$10,000	$12,500
$50,000	$5,000	$10,000	$15,000	$20,000	$25,000
$100,000	$10,000	$20,000	$30,000	$40,000	$50,000

Gambar 68: Tabel pengembalian.

Seperti yang Anda lihat, lima ukuran akun di atas sudah perlu diperdagangkan dengan sangat profesional dan dengan hasil positif yang bertahan lama untuk memastikan kehidupan sebagai trader profesional. Tentu saja, Anda paling tahu berapa banyak pengembalian yang bisa Anda peroleh per unit waktu. Dan itu membuat perbedaan, tentu saja, apakah Anda mendapatkan pengembalian 10% per hari, minggu, bulan atau tahun. Bahkan jika Anda mencapai pengembalian 10%—yaitu, laba—per tahun melalui perdagangan Anda, itu lebih dari cukup. Namun, Anda tidak akan mencapai kebebasan finansial dari posisi berdiri dengan ukuran akun yang tercantum di atas.

Semuanya menjadi lebih buruk ketika pajak yang akan dipotong diperhitungkan. Kemudian hasilnya dikurangi sesuai. Untuk menjaga agar pengamatan tetap sederhana dan benar bagi siapa pun, kami akan menahan diri dari representasi ini. Namun, Anda dapat dengan mudah menghitung efek pajak pada hasil perdagangan Anda dalam perhitungan Anda sendiri.

Mungkin sekarang Anda akan berkata, „Sepuluh persen? Saya melakukannya setiap minggu." Kemudian harap perhatikan juga bahwa pasar memiliki fase di mana ada volatilitas tinggi dan sekali lagi memiliki fase di mana ada volatilitas rendah. Apa yang ingin Anda jalani selama fase lemah ini? Jangan menempatkan diri Anda di bawah tekanan dan jangan berdagang di bawah tekanan! Ini akan berdampak langsung pada hasil Anda—hasil yang negatif. Hal ini pada gilirannya mengurangi basis keuangan Anda dan menempatkan Anda di bawah tekanan yang lebih besar.

Mungkin ukuran akun di atas mungkin tidak secara langsung cocok untuk menjalani kehidupan yang nyaman sebagai pedagang. Namun, itu semua adalah poin bagus untuk mulai menumbuhkan ukuran akun seperti itu.

Dalam konteks ini, bayangkan saja Anda menghasilkan pengembalian 10% dalam jangka panjang—tahun demi tahun. Anda terus mengejar profesi Anda dan meninggalkan keuntungan yang diperoleh di akun perdagangan Anda. Bagaimana menurut Anda akun Anda akan berkembang?

Mari kita lihat bagaimana akun Anda akan berkembang jika Anda memulai dengan—misalnya—modal perdagangan $10.000. Hasil apa yang bisa dicapai?

Time unit	Starting capital	Return	Final capital time unit
1	$10,000.00	$1,000.00	$11,000.00
2	$11,000.00	$1,100.00	$12,100.00
3	$12,100.00	$1,210.00	$13,310.00
4	$13,310.00	$1,331.00	$14,641.00
5	$14,641.00	$1,464.10	$16,105.10
6	$16,105.10	$1,610.51	$17,715.61
7	$17,715.61	$1,771.56	$19,487.17
8	$19,487.17	$1,948.72	$21,435.89
9	$21,435.89	$2,143.59	$23,579.48
10	$23,579.48	$2,357.95	$25,937.42
11	$25,937.42	$2,593.74	$28,531.17
12	$28,531.17	$2,853.12	$31,384.28
13	$31,384.28	$3,138.43	$34,522.71
14	$34,522.71	$3,452.27	$37,974.98
15	$37,974.98	$3,797.50	$41,772.48
16	$41,772.48	$4,177.25	$45,949.73
17	$45,949.73	$4,594.97	$50,544.70
18	$50,544.70	$5,054.47	$55,599.17
19	$55,599.17	$5,559.92	$61,159.09
20	$61,159.09	$6,115.91	$67,275.00
21	$67,275.00	$6,727.50	$74,002.50
22	$74,002.50	$7,400.25	$81,402.75
23	$81,402.75	$8,140.27	$89,543.02
24	$89,543.02	$8,954.30	$98,497.33
25	$98,497.33	$9,849.73	$108,347.06
26	$108,347.06	$10,834.71	$119,181.77
27	$119,181.77	$11,918.18	$131,099.94
28	$131,099.94	$13,109.99	$144,209.94
29	$144,209.94	$14,420.99	$158,630.93
30	$158,630.93	$15,863.09	$174,494.02

Gambar 69: Akun perdagangan yang dimulai dengan $10.000 dan menghasilkan pengembalian 10% dari tahun ke tahun dapat tumbuh menjadi lebih dari $174.000 sebelum pajak setelah 30 tahun.

Jika Anda memperoleh 10% setiap tahun melalui perdagangan Anda, Anda dapat membangun akun Anda hingga lebih dari $174,000 dalam 30 tahun. Itu sebenarnya terlihat cukup bagus. Dan dengan hasil ini Anda sudah mengalahkan investasi modal biasa sejauh ini. Tapi mungkin Anda akan mencapai 10% per kuartal? Atau sebenarnya sebulan?

Seperti apa hasilnya jika Anda menghasilkan pengembalian 25% dari tahun ke tahun?

Time unit	Starting capital	Return	Final capital time unit
1	$10,000.00	$2,500.00	$12,500.00
2	$12,500.00	$3,125.00	$15,625.00
3	$15,625.00	$3,906.25	$19,531.25
4	$19,531.25	$4,882.81	$24,414.06
5	$24,414.06	$6,103.52	$30,517.58
6	$30,517.58	$7,629.39	$38,146.97
7	$38,146.97	$9,536.74	$47,683.72
8	$47,683.72	$11,920.93	$59,604.64
9	$59,604.64	$14,901.16	$74,505.81
10	$74,505.81	$18,626.45	$93,132.26
11	$93,132.26	$23,283.06	$116,415.32
12	$116,415.32	$29,103.83	$145,519.15
13	$145,519.15	$36,379.79	$181,898.94
14	$181,898.94	$45,474.74	$227,373.68
15	$227,373.68	$56,843.42	$284,217.09
16	$284,217.09	$71,054.27	$355,271.37
17	$355,271.37	$88,817.84	$444,089.21
18	$444,089.21	$111,022.30	$555,111.51
19	$555,111.51	$138,777.88	$693,889.39
20	$693,889.39	$173,472.35	$867,361.74
21	$867,361.74	$216,840.43	$1,084,202.17
22	$1,084,202.17	$271,050.54	$1,355,252.72
23	$1,355,252.72	$338,813.18	$1,694,065.89
24	$1,694,065.89	$423,516.47	$2,117,582.37
25	$2,117,582.37	$529,395.59	$2,646,977.96
26	$2,646,977.96	$661,744.49	$3,308,722.45
27	$3,308,722.45	$827,180.61	$4,135,903.06
28	$4,135,903.06	$1,033,975.77	$5,169,878.83
29	$5,169,878.83	$1,292,469.71	$6,462,348.54
30	$6,462,348.54	$1,615,587.13	$8,077,935.67

Gambar 70: Akun perdagangan yang dimulai dengan $10.000 dan menghasilkan pengembalian 25% dari tahun ke tahun dapat tumbuh menjadi lebih dari $8 juta sebelum pajak setelah 30 tahun.

Apa artinya itu bagi Anda? Tentu saja, hasil ini tidak terbukti dengan sendirinya. Meskipun kami telah menunjukkan beberapa kali bahwa hasil 25% sangat mungkin jika Anda mengoptimalkan elemen „Matriks Manajemen Uang" dan memperhatikan kualitas perdagangan Anda. Tindakan yang dipertimbangkan dengan baik dan cerdas adalah kunci kesuksesan.

Prasyarat dasar tentu saja selalu merupakan strategi menguntungkan yang tepat. Kami telah menyebutkan ini lagi dan lagi. Namun pada akhirnya, faktor terpenting adalah Anda—Anda adalah pedagang pelaksana. Terserah Anda untuk menghasilkan jumlah itu. Ini juga berarti mampu menghadapi risiko absolut yang terus meningkat. Misalnya: Jika Anda selalu mengambil risiko 1% dari akun perdagangan Anda per perdagangan, maka dengan akun perdagangan $10.000, ini adalah $100 yang dapat dikelola. Tetapi jika akun Anda bertambah dan Anda kemudian mencapai $100.000, maka sekarang kita berbicara tentang risiko absolut $1.000. Jika Anda telah mencapai ukuran akun $500.000, ini adalah risiko $5.000 per perdagangan. Dalam hal persentase, kami masih memiliki risiko 1% di sini. Namun, tingkat referensi telah meningkat secara signifikan. Anda harus bisa mengatasinya. Karena pencapaian nilai-nilai yang digariskan di atas hanya dapat dijamin jika Anda mematuhi rencana dengan ketat dan disiplin. Segera setelah Anda menyimpang dari rencana Anda, Anda mempertaruhkan hasil keseluruhan Anda.

Mengapa kita bekerja sangat keras pada angka-angka ini? Untuk memberi Anda perasaan tentang berapa banyak yang dapat dihasilkan dari jumlah uang yang dapat dikelola jika Anda mengikuti strategi yang disiplin dan memperhatikan kualitas perdagangan Anda. Jika Anda mempertimbangkan mekanisme „Matriks Pengelolaan Uang" dalam konteks ini dan mengoptimalkan elemen sesuai dengan kebutuhan Anda, maka Anda berada di jalur yang tepat untuk mencapai tujuan Anda. Karena matematika keuangan akan melakukan sisanya untuk Anda:

„Bunga majemuk adalah keajaiban dunia kedelapan." – Mayer Amschel Rothschild

Ringkasan singkat dari fakta yang paling penting:

> Manajemen risiko dan uang profesional dapat melindungi Anda dari emosi berbahaya dalam perdagangan.

> Penetapan persentase risiko sehubungan dengan akun perdagangan Anda bertindak sebagai rem dan akselerator. Dalam fase yang baik Anda berakselerasi, dalam fase yang sulit Anda mengerem secara otomatis.

> Efek bunga majemuk dapat menyebabkan bahkan akun perdagangan kecil tumbuh menjadi jumlah yang substansial. Manfaatkan efek ini dengan baik!

Kata penutup

Pembaca yang budiman! Kami telah sampai pada akhir pertimbangan kami dan saya harap Anda dapat mengambil beberapa saran dari buku ini untuk praktik perdagangan pribadi Anda.

Kami membahas banyak hal dan mulai dari kehidupan secara umum, kami mulai berdagang di pasar keuangan. Melihat kembali pasar, kami menemukan bahwa manajemen risiko bukanlah ide yang buruk jika Anda ingin terlibat aktif dalam perdagangan besok. Dan itu persis keinginan saya untuk Anda. Praktikkan apa yang telah Anda baca dan pelajari dan kerjakan secara intensif. Lindungi basis keuangan Anda yang berharga dan bangun secara terus-menerus—bagian demi bagian hingga Anda mencapai tujuan perdagangan pribadi Anda. Gunakan dan optimalkan elemen "Matriks Pengelolaan Uang" dan terus-menerus mencari peningkatan komponen individualnya.

Tujuan saya dalam buku ini adalah untuk menunjukkan kepada Anda bahwa perdagangan bukanlah ilmu sihir. Anda tidak perlu membuka terlalu banyak perdagangan atau menerapkan strategi yang sangat eksotis untuk mencapai hasil yang terhormat. Anda juga tidak harus mengambil risiko yang tidak proporsional.

Selalu ingat: Jika Anda mengambil risiko posisi 1% dari akun perdagangan Anda dan mengeksekusi 100 perdagangan dengan tingkat hit 50% dan rasio risiko/imbalan yang direalisasikan 1,5, maka ini menghasilkan pengembalian total pertumbuhan modal 25%! Dan Anda telah melihat di bab sebelumnya di mana pengembalian

25% dapat membawa Anda jika Anda mencapainya secara konstan dan teratur. Untuk mencapai tujuan ini, mulai sekarang hanya ada satu prinsip untuk Anda: Kualitas sebelum kuantitas!

Yang Anda butuhkan adalah strategi perdagangan yang solid, pengetahuan tentang preferensi dan tantangan perdagangan Anda sendiri, dan disiplin. Saya sangat senang untuk mendukung Anda untuk membangun, mengembangkan dan memelihara ini dan poin lainnya.

Jangan ragu untuk mendekati saya tentang hal ini. Saya selalu senang menerima pertanyaan, saran, dan umpan balik Anda. Anda dapat menghubungi saya melalui situs web Torero Traders School atau di get-ready@torero-traders-school.com. Juga, Anda dapat menemukan saya di Facebook dan media sosial lainnya. Jadi, mari kita berhubungan!

Dalam hal ini saya selalu berharap Anda melakukan perdagangan yang baik dan banyak kesuksesan dalam perjalanan menuju tujuan perdagangan pribadi Anda!

Milikmu,

Wieland Arlt

About the Author

"Wieland Arlt adalah salah satu pedagang paling sukses di Jerman, pembicara yang dicari dan penulis artikel dan buku spesialis". – Börse Online

Wieland Arlt adalah Teknisi Keuangan Bersertifikat (CFTe®), pelatih, dan pelatih. Sebagai seorang trader profesional, dia telah berurusan dengan subjek investasi dan perdagangan selama bertahun-tahun. Dia adalah penulis buku terlaris dan juga telah menulis banyak artikel tentang perdagangan.

Dia adalah Presiden „Federasi Internasional Analis Teknis (IFTA)" serta Anggota Dewan Direksi „Asosiasi Analis Teknis di Jerman (VTAD)" dan juga pembicara yang dicari di pameran uang internasional dan konferensi.

Sebagai trader, coach, dan trainer, penting baginya untuk melatih setiap trader dengan pendekatan trading yang mudah dipahami dan juga mudah diterapkan.

Terutama, pertimbangan kebutuhan individu setiap trader sangat penting dalam kelas tradingnya.

Tujuan yang dinyatakannya adalah untuk mendukung para pedagang dalam mencapai tujuan keuangan mereka dengan cara yang ditentukan sendiri dan untuk berdagang dengan sukses di pasar keuangan dalam jangka panjang.

Tentang Torero Traders School

Torero Traders School mengejar tujuan untuk menunjukkan kepada para pedagang dan investor jalan menuju tujuan keuangan mereka dan untuk mendukung mereka dalam mencapai tujuan mereka. Dengan demikian, Torero Traders School melihat dirinya sebagai mitra dan mentor.

Untuk tujuan ini, Torero Traders School menawarkan pendidikan dan pelatihan yang komprehensif kepada orang-orang yang tertarik, yang diimplementasikan dalam bentuk kursus video dan webinar serta pelatihan pribadi.

Program pelatihan Torero Traders School ditujukan untuk memberikan pengetahuan yang diperlukan sedemikian rupa sehingga setiap peserta dapat menentukan pendekatannya sendiri untuk perdagangannya. Akibatnya, investor memperoleh pengetahuan dan keterampilan untuk mengambil masa depan keuangan mereka ke tangan mereka sendiri dan membuat keputusan investasi independen.

www.torero-traders-school.com